走进博物馆丛书

秦风楚韵
多元荟萃

安康博物馆

陕西省文物局 编

西安地图出版社

图书在版编目（CIP）数据

秦风楚韵　多元荟萃：安康博物馆/陕西省文物局编．——西安：西安地图出版社，2020.5
　ISBN 978-7-5556-0635-2

Ⅰ.①秦… Ⅱ.①陕… Ⅲ.①博物馆—介绍—安康 Ⅳ.① G269.274.13

中国版本图书馆 CIP 数据核字 (2020) 第 081010 号

著作人及著作方式：陕西省文物局　编
责任编辑：董兆昕　李美乐
书籍设计：贺建林　袁樱子

书　　名	**秦风楚韵　多元荟萃——安康博物馆** QINFENG CHUYUN　DUOYUAN HUICUI——ANKANG BOWUGUAN
出版发行	西安地图出版社
地址邮编	西安市友谊东路334号　710054
印　　刷	浙江经纬印业股份有限公司
开　　本	787 mm × 1092 mm　1/16
印　　张	11
字　　数	130 千字
版　　次	2020 年 5 月第 1 版　2020 年 5 月第 1 次印刷
书　　号	ISBN 978-7-5556-0635-2
定　　价	80.00 元

版权所有　侵权必究

"走进博物馆丛书"编辑出版委员会

主　任：罗文利
副主任：周魁英　钱继奎　贾　强　马宝收
　　　　齐高泉　毛腊梅
委　员：（按姓氏笔画排列）
　　　　马宝收　王金清　王润录　毛腊梅
　　　　卢　辉　齐高泉　李　岗　李　娟
　　　　李举纲　余红健　张　进　张　彤
　　　　张礼智　张建武　张建儒　陈　亮
　　　　罗文利　周魁英　侯宁彬　施昌成
　　　　姜　捷　贾　强　钱继奎　隋晓会
　　　　韩小武　蔡理华　裴建平　谭前学
　　　　谭家礼　薛少鹏　薛锐生

总策划：赵　荣　庞德谦

主　编：罗文利
副主编：贾　强　谭前学　蔡理华　韩小武
本册撰文：施昌成　来昌浩　王晓洁

总 序

陕西省文物局局长 罗文利

作为西学东渐的产物,博物馆在中国已经有150余年的历史。在今天,很少有人不知道博物馆,但当问到什么是博物馆时,恐怕绝大多数人未必答得上来或说得清楚。在汉代许慎编著的中国最早的字典《说文解字》中,"博"字被解释成"大、通也",可引申为"众多""丰富"等含义;"物"字则解释为"万物",包含人为物和自然物两种含义。"馆"字在中国古代另一本字典《玉篇》中解释为"客舍",后来逐渐引申为"公共建筑物"。所以唐宋以来,称专管或保存文物或讲论学问的公共建筑物为"馆",如"昭文馆""弘文馆""史馆"等。"博物"两字连称,最早见于《左传·昭公元年》:"晋侯闻子产之言,曰博物君子也。"晋代张华收集古今奇异之物、奇境殊俗,编成了著名的《博物志》一书。据此,"博物"有博览万物、保存万物、精通万物之意,"博物馆"的意思就是保存、展出、研究万物的公共机构。而在西方,有关博物馆历史的著作,都一致认为博物馆(Museum)一词来自希腊文Mouseion,原意为"祭祀缪斯的地方",从而将博物馆的起源,追溯到希腊神话中的缪斯(Muses)女神。据说缪斯是掌管历史、天文、史诗、情诗、抒情诗、悲剧、喜剧、圣歌和舞蹈等九个女神的总称,代表着当时希腊人文活动的全部。这一颇具学术意义的追本溯源,既给今天人们所熟知的博物馆蒙上了一层神奇的光环，更给博物馆增添了浓厚的文化学术色彩。

当然，以上所说，只是博物馆的字面意义。由于博物馆是在适应社会发展的历程中逐渐形成的具有多种功能的文化复合体，且其功能随着社会的发展仍在不断地发展变化，因此，博物馆的定义也在不断修改之中。自1946年以来，国际博物馆的权威组织国际博物馆协会曾对博物馆的定义进行了8次修订。目前比较公认的定义是2007年修订的，即博物馆是一个为社会及社会发展服务、向公众开放的文化机构，它为教育、研究、欣赏的目的征集、保护、研究、传播并展出人类和人类环境的物质及非物质遗产。实际上，国际博物馆协会对博物馆的这一定义只是国际间的一般性定义，不少国家还按照自己的国情给博物馆下了定义。

博物馆作为一个为社会及其发展服务的、向公众开放的文化机构，它究竟有着什么样的作用和地位，公众也有其独特的视角和认识，应该予以足够的倾听和回应。对此，美国盲聋女作家和残障教育家海伦·凯勒（Helen Keller，1880.6.27—1968.6.1）的看法也许能够代表公众对博物馆的认识。海伦在她那篇脍炙人口的散文《假如给我三天光明》中说道，如果"有三天视力的话"，她将会用一整天的时间"参观博物馆""对整个世界，从古到今，作匆匆的一瞥。……看看人类所走过的艰难曲折的道路，看看历代的兴衰和沧桑之变"。作为一个盲人，在想象能看东西的短短三天里，海伦将花一整天时间参观博物馆的强烈愿望，真切反映了博物馆在海伦以及50多年前的美国公众心目中的地位，而她对博物馆的理解，则是对博物馆意义的最好解释。是的，今天，无论人们承认与否，博物馆已经成为人类昨天的脚印、今天的镜子和明天的根基，是人们认识自己及其生存环境最好、最直观的百科全书，是一个国家、一个民族历史文化和现代文明的形象代表。

值得高兴的是，随着经济社会和博物馆事业的快速发展以及个人文化素养的提升，在当今的中国，像海伦那样自觉走进博物馆的人越来越多，以至走进博物馆似乎正在成为一种生活方式和时尚。但是，也毋庸讳言，置身博物馆展厅、面对琳琅满目的展品，又有多少人真正看懂了展品、理解了展览？这有观众自身的原因，但更多的当是博物馆的原因，那就是太多的展览太过专业太过学术，让人无法看懂，且服务观众的方式也不够丰富多样。事实就是这样，虽然走进博物馆的人越来越多，但大多是"匆匆的一瞥""到此一游"，没有充分理解、利用博物馆这个可令人"大有所获"的地方。因此，要让走进博物馆真正成为一种生活方式，要让博物馆发挥更大的作用，博物馆及有关机构还有许多的事情要做。

陕西是中华文明最重要的发祥地之一，是中国历史上14个朝代，特别是统一强盛的周、秦、汉、唐王朝的政治、经济、文化中心，同时也是现代中国革命的摇篮和圣地。陕西境内现有的300余家博物馆则是全面反映、再现陕西悠久历史和灿烂文化的主要载体。与其他省、市相比，陕西博物馆的文物藏品不仅数量多、种类全、品位高，在工艺技术、艺术创造等方面代表了全国的最高水平，而且还因其无与伦比的典型性、序列性、完整性，充分体现了中国历史的源远流长和中国古代文明的博大精深，并由此而成为海内外观众来陕西旅游的首选。

为深入贯彻落实习近平总书记关于文化遗产保护工作的重要指示和中共中央、国务院办公厅《关于实施中华优秀传统文化传承发展工程的意见》，进一步加强陕西"彰显华夏文明历史文化基地"建设，充分发挥博物馆在传播、传承、弘扬陕西历史文化和中华优秀传统文化，培育和践行社会主义核心价值观的过程中的独特作用，满足人民群众日益增长的精神文化需求，坚定人民群众的文化认同和价值认同，陕西省文物局决定选取陕西历史博物馆、秦始皇帝陵博物院、汉景帝阳陵博物院、西安博物院、西安半坡博物馆、西安碑林博物馆、宝鸡青铜器博物院、法门寺博物馆、渭南市博物馆、延安革命纪念馆、安康博物馆、汉中市博物馆共12家收藏丰富、主题鲜明、影响重大的博物馆，与西安地图出版社合作编辑出版第一辑"走进博物馆丛书"。

与以往出版的类似图书偏重于介绍馆况、陈列展览、单件文物以及器物之美不同，本套丛书重在深入挖掘文物藏品的内涵价值，以物说史，以物证史，以物串史，通过文物呈现历史文化，通过文物讲好陕西历史文化故事；具体编写时则根据各馆的性质定位，一馆一册，一馆一个主题。通过藏品和展览反映朝代文化或专题文化，让读者通过阅读本套丛书，既能了解各馆的特点、重要朝代（时代）的文明成就和历史地位、地域文化特色，又能感受到陕西历史文化发展的总体脉络和文明成就。可以说，如果您想如海伦·凯勒那样"看看人类所走过的艰难曲折的道路，看看历代的兴衰和沧桑之变"，这套丛书毫无疑问应当是您的首选。当然，我们更衷心希望本套丛书的出版发行，能让更多的人真正了解文物背后蕴含的思想理念、人文精神和经验智慧，为人们认识和改造世界提供文化积淀、智慧启迪、精神动力，让我们共同再创中华文化新辉煌，实现中华民族伟大复兴的中国梦。

馆长致辞

安康博物馆馆长 施昌成

安康，位于陕西东南部，居秦岭、巴山之间，一条汉江自西向东横贯其中，糅合了南方的灵秀与北方的雄浑，形成了中国最大的优质生态区域，有"中华物种基因库"和"中华水塔"的美誉。丘陵盆地、河谷坝地像一颗颗珍珠洒落在群山秀岭之间，四方居民来此扎根生息，南北文化在此交流碰撞，经过千百年杂糅兼容，形成了独具特色的安康汉水文化。

本书以安康博物馆基本陈列和专题展内容框架为基础，旨在全景式、概略性地向读者介绍安康的自然资源、人文历史、非遗民俗以及"三线建设"重大历史事件，力求图文并茂，通俗易懂。基本陈列展览以"秦巴明珠"为主题，由"天赋安康""脉源安康"和"安康非遗"组成，简约朴素少装饰，简明易观接地气，被评为2015年全国博物馆陈列展览"十大精品陈列"。"天赋安康"通过自然场景再现和自然标本展示，呈现了秦巴山区优质的生物、矿产、旅游、水资源。"脉源安康"讲述安康人文历史，以安康历史上重要节点、重大事件、重要人物和精品文物等为重点，勾勒出了安康历史发展的粗略脉络，突显了汉水文化的独特魅力。安康非遗展"家在秦巴汉水间"，以国家、省级非物质文化遗产保护名录为蓝本，围绕安康三大地域不同的住行、饮食、娱乐风土人情，营造出秦岭人家、汉水风韵、巴山样子里的民俗乡愁。20世纪70年代修建的襄渝铁路、阳安铁路是安康走出大山、走向现代的开始，再现并重温这段难忘艰苦的激情岁月，铭记感恩铁道兵、民兵和学兵奉献牺牲的精神，是"三线建设历程展"的初心和使命。

秦风楚韵，幸福安康。安康博物馆集中收藏、展示、弘扬安康优秀历史文化和汉水民俗风情，讲好安康好故事，展示安康新形象，有"安康文化祠堂"和"安康会客厅"的美誉。希望通过本书，帮助您走进安康博物馆，走进美丽的安康。当然，安康自古多灾，许多史实难纠其详，加之水平所限，本书疏漏错误，在所难免，敬祈见谅。

秦巴撷翠与君饮，汉水至喜客忘归。我在安康等着您，安康博物馆欢迎您！

◎ 安康城市风光

目录

安康历史文化概说 ···001

第一章　脉源安康　安康人文历史 ···007

　　一、文明曙光 ···007
　　二、方国风云 ···015
　　三、汉中故郡 ···025
　　四、安宁一方 ···038
　　五、佛道乐土 ···052
　　六、移民家园 ···063
　　七、陕南都会 ···081
　　八、水陆通衢 ···088
　　九、汉水风情（非遗之光） ···101
　　十、激情岁月（三线建设） ···107

第二章　天赋安康　安康自然资源　⋯ 119

　　一、西部水乡　⋯ 119

　　二、生物宝库　⋯ 124

　　三、地脉流金　⋯ 129

　　四、秦巴画廊　⋯ 130

附录　⋯ 136

　　游客服务信息　⋯ 136

　　陕西省博物馆分布示意图　⋯ 151

　　陕西省博物馆名录　⋯ 152

　　主要参考文献　⋯ 163

安康历史文化概说

安康,古有"秦头楚尾"之称,蜿蜒流长的汉江给她注入了大河文明的血液。远古伊始,先民们就在这里播撒着文明的火种。考古资料表明,旧石器时期就有人类活动。七八千年前,安康大地迎来了黄河流域仰韶文化的第一缕曙光,之后,黄河、长江两大流域文明在此相互浸润,或楚或秦或巴,共同推动着安康从蛮荒走向文明。

1989年,陕西省考古研究所(现陕西省考古研究院)、安康地区博物馆联合调查组在安康城区周围发现了5处旧石器遗址,采集到许多打制石器,距今约30万年。此后,在安康关庙二级阶地、石泉山岭子、旬阳仙河再次发现了旧石器遗迹,距今2万年以前。考古专家巩启明先生评价:"这一发现填补了汉水上游缺乏(旧石器时代)晚期文化遗存的空白。"1959年,西北大学教师在巴山深处岚皋县肖家坝发现了新石器时代遗址,揭开了安康新石器遗址调查的序幕。半个世纪以来,在安康境内汉江及其支流沿岸台地发现了近40处新石器遗址,找寻到了李家村、仰韶、大溪、屈家岭等文化的踪迹。

◎ 安康旧时风貌

商周时期，安康属庸国封地，居住着多个氏族部落。前611年，楚联秦、巴灭庸，置汉中郡，雄霸汉上。前312年，后秦代楚统治，称安康为"秦头楚尾一大都会"。秦人的豪爽，楚人的灵秀，巴人的彪悍，杂糅相应，点燃了安康多彩文明的光焰。

秦汉时期的安康为汉中郡，战略地位举足轻重，经济文化高度繁荣。秦惠文王更元十三年（前312），秦取楚汉水上游地区，设汉中郡，辖区相当于今安康、汉中、十堰、商洛部分地区。汉承秦制，与民生息，汉水谷地得到了大规模开发。秦汉数百年间，牛耕技术和铁器的广泛推广使用，汉水上游地区先民的生产力得到极大释放，凿渠垦灌、饲蚕绩麻、淘金冶矿，社会生活呈现一派太平盛世的景象。三国孟达在给诸葛亮的信中赞美安康，"黄壤沃野，桑麻列植，佳饶水田"，树起安康农耕文明史上第一块里程碑。

魏晋以降三百余年间，版幅分裂，关陇流民大量涌入秦巴山区，民则认土侨居，官则借地安所，安康人口日繁，城邑设置大增，沉寂的秦巴山区骤然热闹起来。西晋太康元年（280），在紫阳县白马石一带设安康县，取意"安宁康泰"，既是历史的存照，亦是美好的愿景。

唐宋以后，安康迭遭兵燹（xiǎn），灾害频仍，人们把对生活的希望寄托于"神灵"的保佑，各种宗教一经传入安康便很快传播开来，参禅悟道成了当时人们精神文化生活的主题。考古资料证明，佛教至迟在魏晋时期就已传到安康，唐宋时期传播达到鼎盛。唐初的双溪、天圣、万春、新罗"四大丛林"，因禅宗南岳祖师怀让出家卓锡而天下誉名。宋代建寺凿窟，捨资造像之风，历明清劫数而流长不灭。

宋金对峙，安康是抗金的主要战场，吴玠、吴璘、王彦等在金州多次组织抗金，著名的饶峰关战役就发生在这里。自此之后，数遭战事，致使安康十室九空，经济凋敝。

明清时期，湖广移民大量涌入秦巴老林繁衍生息，兴安州"管辖平利、旬阳、白河、紫阳、石泉、汉阴六县，通计地方四千余里，从前俱系荒山僻壤，土著无多，自乾隆三十七至三十八年（1772—1773）以后，因川、楚间有歉收处所穷民就食前来，旋即栖谷依岩，开垦度日。而河南、江西、安徽等处贫民亦携带家室，来此认地开荒，络绎不绝，是以近年户口骤增。"到了清代中叶，陕南人口剧增至300余万，自南宋"五百余年未辟之林荒，至有清而成衡宇相望，鸡犬相闻之乐土"。

安康人的生活离不开汉江，安康文化中始终流淌着汉江基因和血液。汉江航运在清代至民国时期达到了鼎盛，从黄金峡入石泉，经汉阴、紫阳、岚皋、汉滨、旬阳，到白石河口出白河境，沿途形成了大大小小数十处码头，樯帆林立、商贾云集，赢得了"小上海""小汉口"的美誉。五方杂处、文化交糅，旱稻生产方式互鉴，南北生活方式交融，为安康多彩灵动的文化赋予了新的生机和灵魂，续写着安康鼎盛的文脉。

◎ 安康长岭南朝墓陶俑

壹

脉源安康

安康人文历史

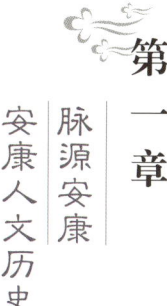

第一章 脉源安康 安康人文历史

一、文明曙光

我们的讲述从一块东方剑齿象门齿化石开始。

20世纪七八十年代，人们在汉滨区月河北岸丘陵地带开展农田基本建设时，挖出了东方剑齿象门齿、臼齿和原始牛等古生物化石。2018年，在汉阴县汉江边的阮家坝遗址

◎ 原始生态场景复原

附近也挖出了大象门齿化石,这证明了大约在200万年以前,汉江流域属于热带或亚热带,气候湿润、植被茂盛,是生物繁衍生息的自然福地。

200余万年前,地球上气候变化剧烈,生物繁盛,我们今天看到的各种哺乳动物、软体动物、昆虫、鸟类、植物等,在那个时候基本上都已经出现。此时,地处亚热带北缘的安康境内气候温和,动植物种类丰富,一群东方剑齿象平静的生活在这里。东方剑齿象是继恐龙之后的"巨无霸",分布范围十分广泛,它们喜欢生活在热带及亚热带温暖的沼泽和河边地带,以草食为主,每天食量可达1~2吨。

这样的生活持续了很长时间。随着北半球大规模的冰川活动,寒冷与温暖更迭,生物迁徙或绝灭,更新世中晚期,秦岭及其以南山脉出现大面积冰川,温暖舒适的安康,气候也逐渐变冷。大约在1.8万年前的第四纪冰期之后,生活在这里的东方剑齿象也慢慢地走向灭绝。它们死后被深埋在地下,其中一只已经变为化石的东方剑齿象偶然被人们发现,那长长的门齿和臼齿向我们诉说着它们曾经的生活遭遇。

大约在距今30万年到5万年,这里就有了古人类的活动踪迹。20世纪八九十年代,著名旧石器专家王社江在安康进行旧石器遗迹调查,先后在安康城区汉江周

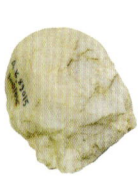

◎ 旧石器标本

围二、三级黄土丘陵地带发现并采集到许多尖状器、砍砸器、刮削器、石核、石片等器物,以白家梁、火车站、关庙、关庙西、后湾等最为集中,大部分为石英岩质。2008年、2009年第三次全国文物普查期间,在石泉山岭子

和旬阳界牌石又发现了许多旧石器标本，扩大了安康旧石器遗址分布的地域空间。这一时期，尚显弱小的原始人类在抵抗气候的剧变中、在与野兽的搏斗中顽强的生存下来，从非洲走出前往世界各地寻找更加适宜生存的地方，在漫长的迁徙过程中逐渐进化成为现代人，并慢慢学会使用天然工具捕猎食物，进入旧石器时代。

安康北有秦岭、南有巴山两座天然屏障，河网密集、气候温暖湿润，食物资源丰富，吸引了远古人类到此定居生存，散居在大大小小的盆地之中、河流阶地之上，宛如点点星火。

有些生活在汉江附近的台地之上，男人们制作简陋的石核、石片，在附近的山林里狩猎，用树枝或竹子做成毛糙的鱼叉在河边的浅水滩捕鱼，女人们采集一些山野果子以维持生活。他们都是由一个或数个家庭组成，就地取材，使用简单的工具获取食物，努力生活。或许他们曾经是一个群体，因抢夺食物的争斗或其他纷争而分离，或许是自南方迁徙而上的群体和自北方迁徙而下的群体相会于此。

这时在安康周边汉水上游的汉中，下游的湖北郧县、房县，以及远在商洛洛南都发现了大型旧石器人类活动遗址，这里的原始居民翻越秦岭来自关中，沿江而下源自汉中，还是从鄂西朔江而上的呢？带着这些疑问，考古人员努力从出土文物的蛛丝马迹里寻找答案，他们发现关庙遗址的旧石器时代晚期石器与在湖北房县樟脑洞发现的石制品类似，而且明显有别于汉水上游地区高阶地发现的石制品。也许生活在关庙的这群原始人就是从湖北沿江而上的。著名考古学家巩启明先生认为安康旧石器遗址的发现"填补了汉水中上游旧石器晚期遗址的空白"。

七八千年左右，安康的文明又进一步，进入史前文明，步入了新石器时期。1958年，西北大学一位暂时在安康地区岚皋县教书的老师，在岚皋

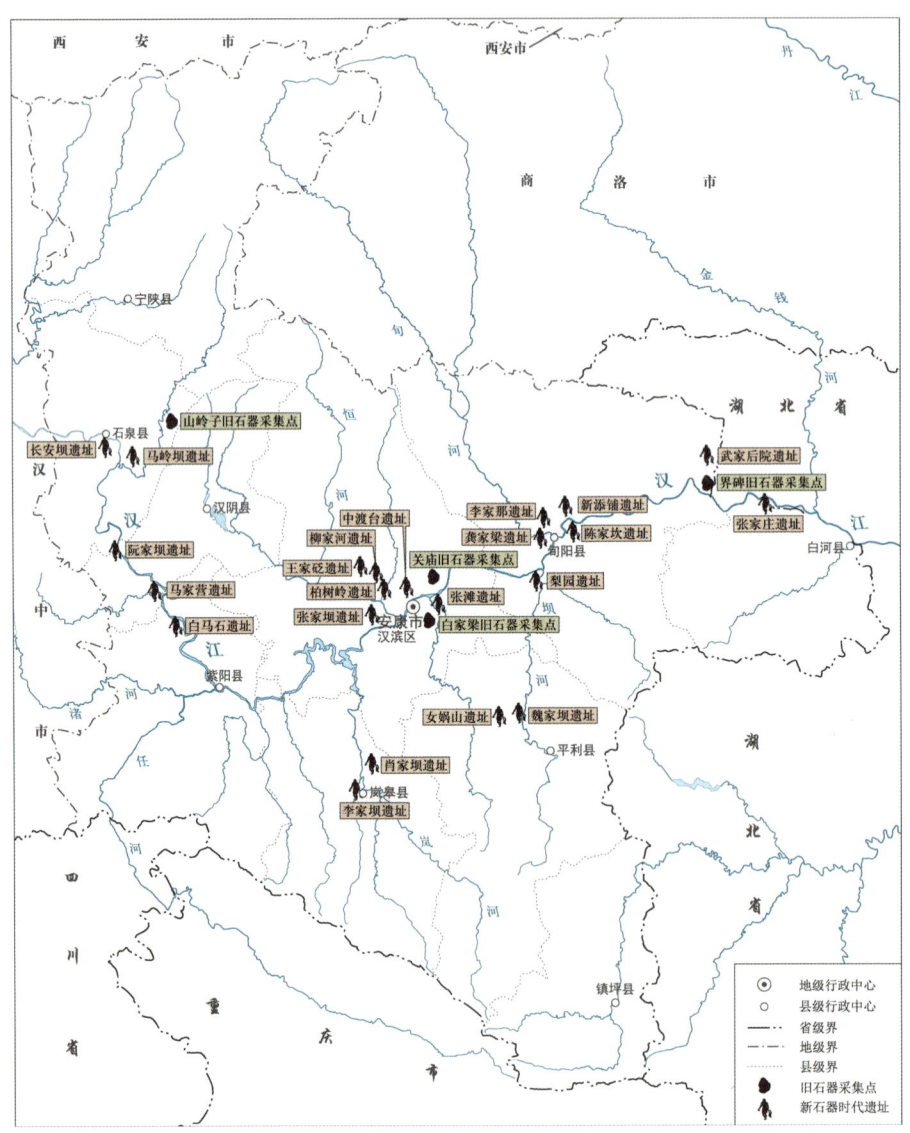

◎ 安康新石器遗址分布图

县城附近的肖家坝不经意间发现了许多石器、陶器残片，从此揭开了安康新石器遗址调查的序幕。经过陕西省、安康市文博工作者多年的努力，在安康境内先后发现了40多处新石器时期遗址，主要分布在汉江及其支流坝地，以安康盆地为中心，西以石泉为界，东边延伸到与湖北交界的白河、仙河一带，南到巴山腹地岚皋肖家坝。根据地缘关系，形成了多个聚集群落，以阮家坝、马家营、白马石等遗址为代表的汉水西部区，以柏树岭、柳家河、张家坝等遗址为中心的月河川道区，以龚家梁、李家那、陈家坎等遗址为核心的旬河汉江交汇区，以伍家花园、红号、张家庄为典型的汉江东部区，另外还有以女娲山为中心的女娲山、魏家坝遗址，巴山腹地的肖家坝、李家坝遗址。安康的新石器遗址规模一般不是很大，核心面积5000~20000平方米。

自打第一个原始人有了"水从哪里来，流到哪里去，山那边有什么"的想法，文化交流就开始了。安康地处南北地理气候过渡地带，自然也就承担了文化交流的交汇地带的任务。修建阳安铁路和火石岩水库（瀛湖）等大型基本建设时，陕西省考古研究所联合安康地方文博机构对柏树岭、马家营、白马石、阮家坝等遗址进行考古调查和发掘，出土了一批具有汉水特色的遗物，如大型石斧、带孔玉质石斧、磨制石箭簇、石环、彩绘陶钵、高领罐、三乳足白陶线纹罐、

◎ 新石器三孔石斧

◎ 新石器三足罐

◎ 新石器石磨盘

陶塑人面像、石磨盘等，印证了这里五方杂处，秦岭北部关中平原的半坡人、汉水上游西乡李家村居民以及江汉平原稻作者在这里相会，渔猎耕陶，和谐相处，构成了安康史前文明。

安康史前文明先后受到了汉中西乡老官台文化李家村类型、仰韶文化以及后来巴蜀地区文化的影响，中、东部以仰韶文化为主，东部受江汉地区文化影响更明显一些。1989年，第二次全国文物普查在旬阳县红号遗址、白河县张家庄遗址采集到陶器残片，可以辨别出的器物标本有球形釜、直口罐、红衣陶盆等，具有大溪、屈家岭文化一些特点。1989年和2008年先后在旬阳县新添铺遗址、旬阳县仙河伍家花园遗址采集到许多三足器、线纹白陶等器物标本残片，带有明显老官台文化李家村类型文化特征，从而把这一文化传播影响范围沿汉江向东推进了200多千米。

20世纪80年代修建安康水电站，陕西考古研究所魏京武、巩启明，安康地区博物馆李启良等带队对安康水库淹没区进行了详细的文物调查，沿江发现登记了许多古遗址、古墓葬、古建筑群、古镇文化遗存，汉滨区陈家坝、饶家坝、紫阳县白马石、马家营，汉阴县阮家坝等新石器遗址文化价值高、地域代表性强,陕西省考古研究所王炜林、孙秉君领队,安康地区博物馆李厚志参加,组成安康水电站考古队,进行科学发掘,揭示了这一地区史前文化交互影响的关系,主要成果列入了《陕西配合基建考古主要收获》一书。

阮家坝、马家营、白马石是安康经过科学发掘的三处新石器遗址,揭露面积、出土遗物、科学价值在安康史前文明重构中占有极为重要的地位。阮家坝位于汉阴县境内,马家营、白马石位于紫阳境内,汉江可互通东西,三者相距平均不到20千米,为汉江北岸三处大型河边坝地,北靠凤凰山,面积都在10万平方米左右。1985—1989年先后进行了发掘,阮家坝发掘面积达8000平方米,文化层厚1～3米,出土文物非常丰富,代表性器物有三足罐、平底罐、鼓腹罐、凹底罐、平底钵、圜(yuán)底钵、尖底瓶、细颈壶等陶制品,以泥质内黑外红陶,夹砂灰白陶为主,泥质红陶、深灰陶、灰陶占有相当比例。纹饰多线纹、绳纹、附加堆纹、剔刺纹,黑彩陶多装饰鱼纹、圆点勾叶纹、弧线三角纹。磨制加工的石器占有极大分量,斧、锛(bēn)、凿、刀、网坠、球、磨盘和研磨器等类型齐全,还发现了半地穴式房屋、陶窑、瓮棺葬遗存。分别为老官台文化李家村类型、仰韶文化半坡、庙底沟类型以及商周时期巴蜀文化遗存,马家营、白马石遗址文化构成和出土物品与阮家坝基本相同,白马石晚期墓葬陪葬品受外来影响巨大,更有早期巴蜀文化特征。

◎ 新石器彩陶盆

韩非子《五蠹》中写道:"上古之世,人民少而禽兽众。"人类不断摸索提高生存能力,适应自然环境,改善生存条件,它们以捕鱼、采集和狩猎为生,开始制陶,群聚穴居,有了简单分工,有人制作工具,有人生产陶器，有人渔猎采集，人类一步步由蒙昧走向文明。这里出土了许多不同于其他地方的器物，都有很强的当地自然环境特色。比如出土的石斧通常体型巨大，石泉马岭坝遗址出土的石斧长40余厘米。马家营遗址石箭簇轻薄锋利，穿透力巨大。有趣的是这里出土的网坠有陶质和石质两种，石质网坠都很大，结大网、捕大鱼，适用于汉江这种大江大河。

◎ 新石器石网坠

对美的追求是人类的天性，不论原始与现代。原始彩陶艺术是新石器时代艺术的重要表现形式，西安半坡人面鱼纹盆、甘肃马家窑彩陶罐、山东龙山文化蛋壳黑陶等，大家已耳熟能详。汉水流域除了这些共性文化元素外，还有自己对美的追求方式和独特个性。从早期人类使用的装饰品可以窥见一斑，20世纪七八十年代，在汉滨区柳家河遗址出土了陶塑人面像，红陶质，面相恐惧夸张，是全国发现为数不多的新石器时代人面塑像，现收藏在陕西历史博物馆。马家营遗址出土的陶环、陶串珠，肖家坝遗址出土的石环等都是佩戴饰物，当时人们已具有了对美的个性追求。特别是石环，白底彩斑，玉质感强，

◎ 新石器石环

◎ 新石器陶塑人面像

形制精美，磨制光滑，出土时已经断为两块，断口处有对称小孔，专门做过修补，可以想象这件玉环已深深驻留在主人的心中了。

三皇五帝是中国古史的英雄和神话时代，安康也长期流传着他们的故事。汉滨区有伏羲山、平利县有女娲山，两山相距很近，神话传说很多，以女娲补天传说流传时间久远，流传范围最广。女娲山，古称中皇山，位于平利县城西，相传为女娲补天之所。宋《路史》云："女娲始治于中皇山，继兴于骊山之下，中皇山即女娲山，有天台鼎峙，今建女娲庙。"清雍正年间立有《中皇山女娲氏庙碑》。虞舜在安康的传说历史也较为久远，北魏郦道元《水经注》载："舜居妫（guī）讷，在汉中西城县西""城内有舜祠，汉高帝庙，置民九户，岁时奉祀焉"，历朝相沿。现在庙毁，保存有明《虞帝陶渔河滨处》石碑。两地先后都发现了新石器时期遗址，与女娲、虞舜传说互为补充，至少说明安康史前文明与中华文明是同步的。

二、方国风云

夏、商、周时期，安康文化和地理环境一样，也是丰富多彩的。

夏，《禹贡》分天下为九州，"华阳黑水惟梁州"，一般把安康分在梁州。那是一个蛮荒时代的地理概说。从目前考古发现来看，在新石器时期晚期，各种文明传播汇集影响到这里的许多部落，形成了自己独特的文化，其中代表被许多学者称为"白马石类型"，大约相当于夏代。前面讲的阮家坝、马家营、白马石都属于汉江北岸坡积裙阶地，地理自然环境优越，是汉江这一段唯一适宜人类聚居的地方，文化一直从商周延续到战国秦汉时期。白马石遗址位于紫阳县汉王城镇白马石村，是发掘最早的遗址，主要文化内涵前面已作介绍。在遗址中发现了普遍见于四川广汉三星堆第一期等遗址中的高柄豆、器座、器盖、陶支脚，汉水下游地区常见的平底盘、直筒杯、直壁杯等器物，以及巴蜀文化的灰坑两处和石棺墓数座，墓葬"地处我国东北至西南半月形文化传播带上，为研究以石棺为葬具的古代民族文化提供了新线索"。这说明川渝地区的群体曾迁徙北上至安康或与安康境内的群体有过交流，将巴蜀文化因素带到了安康，汉水下游文化也波及这里，具备了五方杂处的基础和条件。

商朝在安康留下的信息并不多，其影响范围达到了这里。与安康相邻的汉中市城固县曾经发现了大量商代的青铜器，充分证明商文化传播到汉水中上游地区。

随着周朝相关记载和出土遗物的增多，让安康的形象逐步丰满了起来。汉水中上游在西周时期是非常浪漫和幸福的地方。《诗经·汉广》"南有乔木，不可休思。汉有游女，不可求思。汉之广矣，不可泳思。江之永矣，不可方思。翘翘错薪，言刈其楚。之子于归，言秣其马。汉之广矣，不可泳思。江之永矣，不可方思。"前1046年，周武王伐商联合了这一地区的部落力量，"武与商战于牧野，作《牧誓》……王曰：'嗟！我友邦冢君御事，司徒、司马、司空、亚旅、师氏、千夫长、百夫长，及庸、蜀、羌、髳、微、卢、彭、濮人。称尔戈，比尔干，立尔矛，予其誓。'"庸、蜀、羌、髳、微、卢、彭、濮人就是生活在秦岭南部汉水中上游一带的部落联盟，灭商后将这里分封给了庸国、巴国，一直延续到西周晚期。春秋战国时期，更多诸侯国崛起，尽显攻杀兼并本色。

1986年，安康市汉滨区金星村村民王金富在王家坝汉江冲毁的土坎边，挖出了一个青铜器，清晰揭开了安康西周中晚期这段历史。青铜器出土时十分残破，两只簋耳和底座都残遗了，差点儿被发现者当作废铜卖掉，后被文物爱好者发现，历经曲折辗转被收藏在安康博物馆。经清理发现内底部

第一章 脉源安康 安康人文历史

◎ 西周史密簋

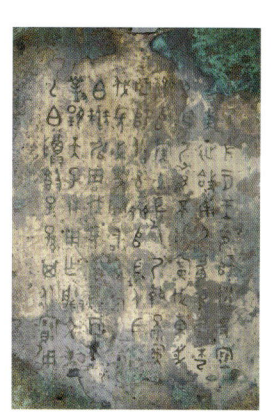
◎ 史密簋铭文

有93字铭文，李学勤、张懋镕、赵荣、李启良等专家学者如获至宝，解读后定名为史密簋。铭文大致讲的是西周中晚期，居住在江淮一带的东夷部落经常骚扰周王朝山东疆域，周王很不高兴，就派师俗、史密二人带来一支地方武装去教训这些不知天高地厚的"家伙"。犯边者声势很大，实力不济，很快便战败。史密抓了百十来人，一路高歌凯旋，为了炫耀战功，又是借口弘扬天子之命，又是纪念自己死去的父亲，铸造了这个青铜簋，载之文字以传久远。史密簋的出土一石激起千层浪。据专家说"史密簋这样长铭的铜器出土在安康，不能不使人震动"，这样的硬核青铜器在陕南地区还是比较少见的，证明了早在西周时期这里部落实力强大，沿着河谷通道穿越秦岭，与周王朝保持紧密的关系。史密簋出土的地王家坝位于汉江北岸二级阶地，距离安康城区大约5千米，北靠低矮丘陵，南面为汉江，地理位置和交通环境优越，西周时这里应该是安康的中心。

前611年，秦、巴、楚三家灭庸，点燃了春秋诸侯争霸的导火索。商周时期，汉水中上游地区有一个叫庸的部落联盟，前1046年，庸同巴人一起帮助周武王灭商，有功受封立国。庸国都就在今天湖北竹山县一带，其影响范围主要在汉水中上游一带，后来受到巴蜀的进逼退出汉中，退缩到安康一带。安康与竹山邻近，地形开阔，汉水便利，非常适合军事据守，是庸国西部的最好屏障。庸国据大山之险，得山水之利，行中庸之道，庸碌无为。殊不知此时周围的秦、巴、楚却在快速地扩张崛起，觊觎庸国已久。庸国不审时度势，还趁楚大旱之际侵略楚国。楚庄王联合巴、秦三家瓜分了庸国，安康从此成了边界和前线，秦、巴、楚不断在此上演"三国杀"。楚国分得了安康石泉以东的土地，牢牢占据汉江黄金水道，掌握最佳战略资源。沿旬河、池河子午道北可进关中，南出任河可以治巴，西溯汉水可以击秦蜀。楚庄王之后，楚国四处出击，开始了霸业之路，不断在新开辟的疆域修筑防御军事据点"方城"，巩固经营好这些战略要地。秦国分得了石泉以西直到汉中的土地，巴则占据巴山腹地紫阳一带。历史从此留下楚庄王"不鸣则已，一鸣惊人"的故事。

楚灭庸后，占据了汉水中游地区，在军事要地筑城设关，以汉江为纽带牢牢控制了今天汉滨、旬阳、平利一带。大致在前500年左右，楚国统治期间就形成了汉中郡雏形。那时，一些国家在新占领地区实行郡县制，派遣军事行政官员以军事据点为中心进行管理，郡多建于边境地区，面积比县大，郡不辖县，权力也比县小。楚国在此设置了旬关、西城两处要塞。

旬关就是今天旬阳县城，旬河与汉水在此交汇，水曲环山，形似太极，又叫"太极城"，在此发现了多处新石器、秦汉遗址。《史记》有"郦商别将攻旬关"。据关，西可下西城占汉中，北上通子午至长安。沿旬河至两河关分岔，一路西北与子午道连通，一路沿乾佑河通库谷，是秦、楚间

◎ 战国铜钲

◎ 战国蟠虺（huī）纹鼎

联系的主要通道。沿途发现有党家坝、草坪、大岭铺、田湾、两河关、龙脖子等战国秦汉驿站、聚落遗址，商洛市镇安县、柞水县境内还存留许多古道遗存。

20世纪80年代，旬阳烟厂在旬阳小河北佑圣宫基建时，发现了许多古墓葬，其中三座战国时期楚墓保存相当完整，墓葬为土坑竖穴，出土物品极为丰富。1985年发现的佑圣宫一号墓，出土铜剑、铜铍、铜戈、铜钲兵器，以及玉瑗、石瑗、陶敦、陶盘、陶匜（yí）等物。1988年挖出了二号、三号墓，出土有铜器、陶器、玉器、骨器，以及车马饰件，出土陶器两两成对，有彩绘，组合与一号墓基本相同。旬阳佑圣宫楚墓与湖南长沙、湖北江陵等地中小楚墓极为相似，特别是一号墓出土的三件兵器和用于行军打仗节制号令的铜钲，表明墓主人是一个军事指挥官，级别并不算低。由于墓葬被发现时，挖毁严重，从所占有信息分析，推测三座墓葬是一处楚国贵族墓地，是陕西省境内目前出土物品最为丰富的楚墓群之一，意义重大，表明旬阳在春秋战国时期不仅为楚国统治，而且派有重兵把守。

20世纪70年代，安康铁路分局在安康江北中渡台一带基建时，挖出了许多战国秦汉遗物，涡纹、云纹瓦当，斜方格纹铺地砖，绳纹陶排水管道，陶器，铜器等物，可惜那时没有多少人认识它们的价值，古城遗址大部分被破坏，为一座座现代化的高楼大厦所覆盖。零星保存下来的遗物被当时的安康文化机构收藏。后来确认那里是一处大型春秋战国秦汉时期遗址。中渡台遗址位于王家坝西侧数千米处，地势开阔，南濒汉江，东有汉江峡谷险绝，西有张岭、长岭控扼，北部丘陵绵亘不绝，是古代非常理想的筑城之地。将历史记载和遗址地望反复比对，确定了这就是古西城遗址。城市在废墟中成长，文明在传承中延续。今天这里建起了一座仿汉阁建筑，名曰"西城阁"，标志这里曾经的辉煌。

巴人历史复杂，传说争论极多。在安康早期活动的许多遗址遭到了破坏，构建不起系统的巴人活动谱系，但是不断出土的典型巴文化遗物指向安康是巴人早期活动的重要区域。20世纪70年代，汉滨区五里镇、建民办等地兴修梯田、平整土地时，挖毁了许多墓葬遗址，出土区域集中在丰阳寺，也叫寺岭头，南北延续一千米。出土的铜器

◎ 战国高足鼎

◎ 战国陶敦

◎ "S"纹瓦当

被当作废铜卖给土产公司,所幸的是一部分被拣选出来交给了文物部门收藏。其中虎纽錞(chún)于、兽纹戈、人面纹戈、饕(tāo)餮(tiè)纹矛骹(xiāo)、星纹柳叶剑、短剑、铜鍪(móu)等具有典型巴蜀文化特征,大部分被陕西历史博物馆征藏,成为陕西巴文化的实物见证。

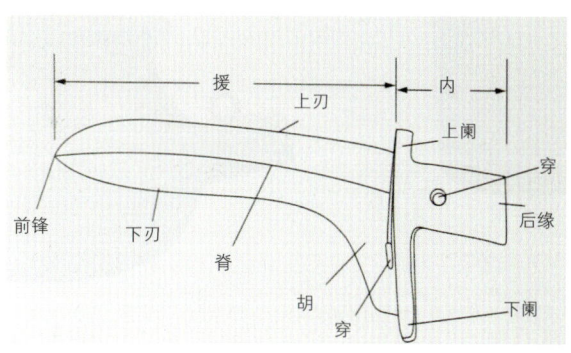

◎ 戈各部位说明图

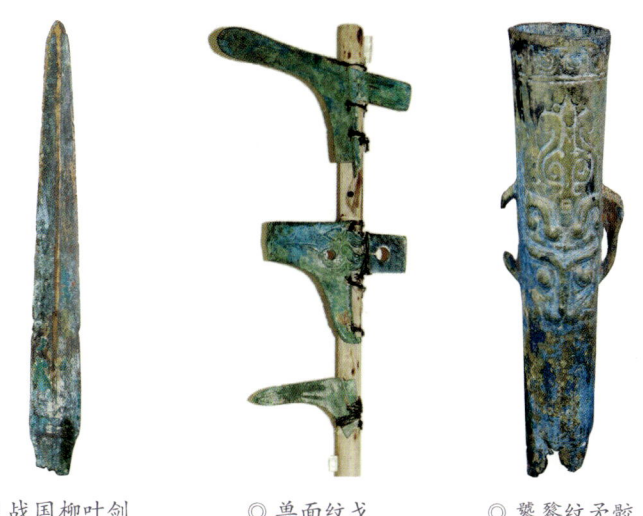

◎ 战国柳叶剑　　◎ 兽面纹戈　　◎ 饕餮纹矛骹

◎ 战国虎纽錞于

◎ 战国铜鍪

《华阳国志·巴志》记载："周武王伐纣，实得巴、蜀之师，著乎《尚书》。巴师勇锐，歌舞以凌殷人，前徒倒戈……武王既克殷，以其宗姬封于巴，爵之以子。"西周初期分封为巴子国，大致在陕南的汉水上游，南及大巴山北缘，春秋时有所扩展。巴国与西周王室一直保持着友好的关系。春秋时代，巴国与蜀、楚、邓、庸等为邻。战国初期迫于楚的势力，从汉水流域南迁至长江干流，先后在三峡至重庆立国。巴人是一个载歌载舞、勇猛善战的族群，"巴师勇锐，歌舞以凌殷人"，廪君时期，建立了以江洲（今重庆市）为都，廪君为君的巴国。极盛时期，疆域东至鱼复（今奉节县），西至僰（bó）道（今宜宾市），北接汉中（今安康市），南极黔江（今乌江流域，赤水河流域），与楚、蜀、秦为邻，前316年被秦国所灭。

第一章　脉源安康　安康人文历史

前312年，秦"庶长章击楚於丹阳，虏其将屈匄，斩首八万；又攻楚汉中，取地六百里，置汉中郡"。秦国延续了楚国汉中郡建置，以西城为据点设汉中郡，派遣军事行政官员以军事据点为中心进行管理，从此将大秦岭纳入自己的版图，控制东出、南进交通要道，牢牢掌握了统一六国的战略主动。安康成为秦灭楚，统一天下的军事要地之一，投入了大量人力、物力经略这里。汉中郡守任鄙，为当时秦国力士，常伴秦武王练习扛鼎比武，时有"智则樗里，力则任鄙"之说。1984年，安康城南一里坡发现古墓数座，其中一座为竖穴土坑墓，随葬品以陶器为主，有鼎、釜、鍪、盆、壶、樽、灯、茧型壶、盒等百余件，形制仿铜器。未见铜器，较为贵重的陪葬品是绿松石、水晶、玉渣、猪牙等。"根据墓葬形制和出土遗物鉴定，均属秦墓"。可见，当地居民生活也一改楚人的奢华，而尚秦人的简朴。

◎ 战国陶灯

◎ 战国陶樽

◎ 战国陶茧型壶

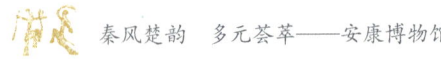

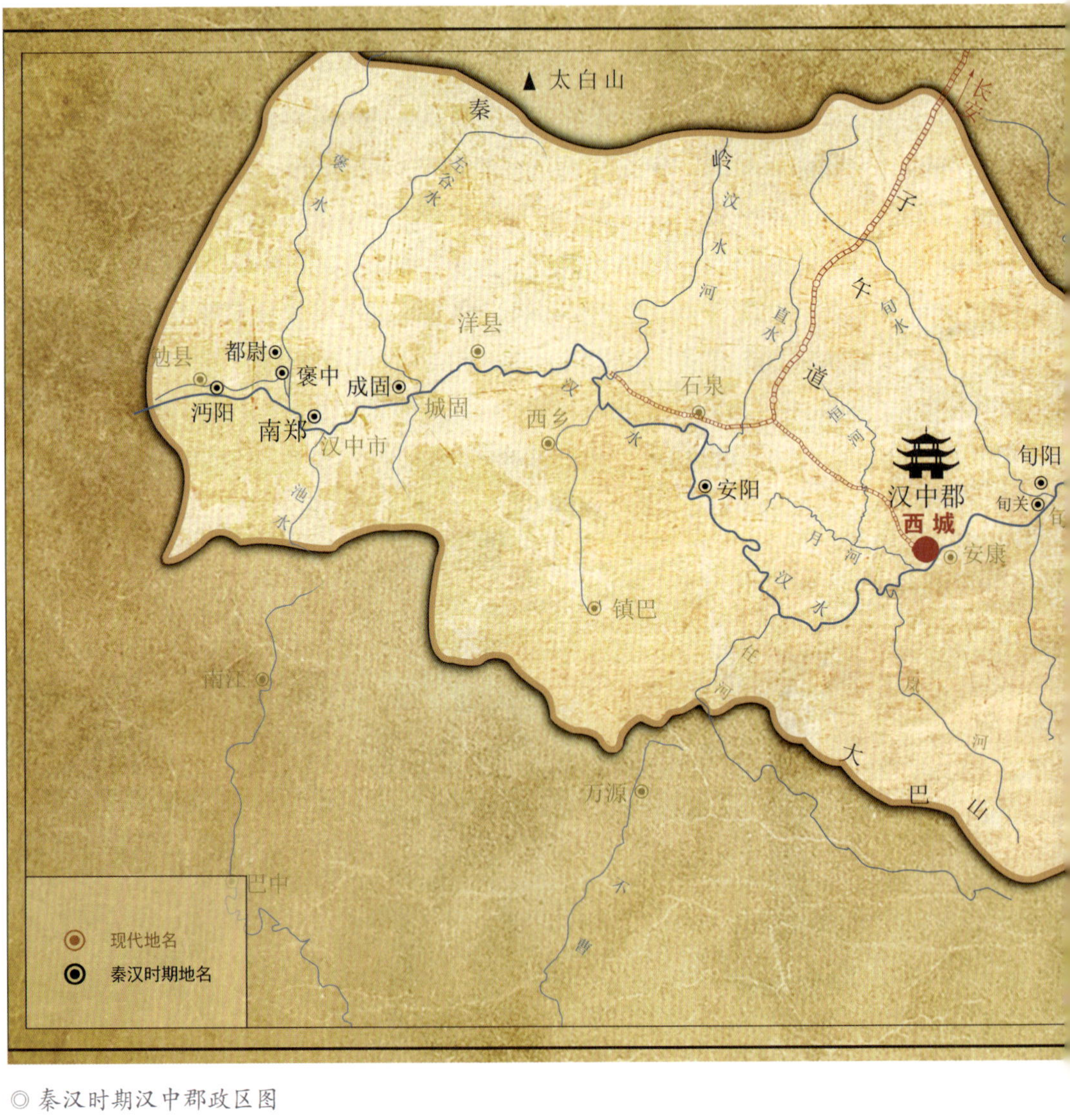
太白山
秦
岭
子
午
道
汉水河
褒水
左谷水
洋县
都尉
褒中
成固
沔阳
南郑
汉中市
城固
西乡
石泉
安阳
汉中郡
西城
安康
旬阳
旬关
镇巴
月河
汉水
大
巴
山
南江
万源
巴中
现代地名
秦汉时期地名

◎ 秦汉时期汉中郡政区图

三、汉中故郡

两汉近四百年间，安康是一个非常美好的地方，展示了安康博物馆里两汉时期大量的文化精华，带我们穿越到那时的农耕"嘉年华"。

安康建置历史始于汉中郡。在前500年左右，楚国统治期间就形成了汉中郡的雏形，前312年，秦在楚国基础上设置汉中郡。秦汉实行郡、县两级治天下，秦设汉中郡，陕南大部分地域属汉中郡管辖，比现在省一级行政建置稍小，相当于省会的郡治设在西城，即今天的安康。西汉时已管理有西城、旬阳、南郑、褒中、房陵、安阳、成固、洵阳、锡（yáng）、武陵、上庸、长利12个县，西城、旬阳、安阳、长利、锡都是今天安康境内早期的县域建置。东汉建武六年（30）李通为防御巴蜀公孙述，将郡治迁往南郑。建安二十一年（216）曹操夺取汉中，将汉中郡一分为二，西部为汉中，东部新设西城郡，从此陕南安康、汉中分置，延续到今天。

经秦末战乱，国家经济凋敝，西汉朝廷推崇黄老之术，推行无为而治，与民休养生息。因避秦时乱，大量百姓流亡到了汉中郡，加之刘邦"至南郑，诸将及士卒多道亡归，士卒皆歌思东归"。逃亡的士兵，给汉水谷地开发带来了充裕的劳动力和先进的生产技术，为汉中郡社会经济的长足发展奠定了基础。汉水谷地社会经济总体持续向前发展，是历史上不可多得的繁荣时期，先进的"代田法"和"区种法"已被推广应用。东汉以后，安康境内兴修陂池、蓄水灌溉、平整土地，稻作农业更趋发达。同时，豆、粟、黍等旱地作物在山间坡地、河谷台地上大面积种植。牛耕和铁器得到广泛使用，农作物产量显著提高。大量汉墓和刘家营遗址、江店淘金遗址、旬阳汞锑采矿遗址等一批生产生活遗址，出土了大量实物，见证了冶炼、牛耕、掘井、淘金等当时最为先进的技术在秦巴山地的广泛运用。《水经注》中引用三国孟达写给诸葛亮的书信，赞美安康"黄壤沃衍，桑麻列植，佳饶水田"，农耕文明达到前所未有的高度。以西城、旬阳、安阳、长利为中心，形成了许多聚落中心，社会经济繁荣。

◎ 汉代铜蒺藜（Ⅱ）　　　　◎ 汉代铜弩机

◎ 陶下水管道

西城是安康境内建制最早的城市，一直作为汉水流域的中心城市，断续引领区域政治经济文化千余年。春秋时期，楚国在今天安康修筑军事防御设施，安康地处当时楚国西部边陲，以方位命名之"西城"。秦惠文王丹阳之战后取汉中地六百里，新设郡治在西城。秦汉实行郡县制，设汉中郡，西城作县名。汉中郡位置重要，秦汉著名人物任鄙、田叔都曾担任郡守。东汉末年分汉中郡设西城郡，南北朝以后安康城市中心迁移到汉江南岸。西城作郡名废用无常，隋唐复设西城县，为州郡治所，西城一名沿用到元代至元年间。西城遗址位于汉江北岸中渡台，也称中渡台遗址。面积约25万平方米，底部叠压新石器文化层，安康铁路分局建设施工时，暴露有大量秦汉遗物和市政设施遗迹，出土有陶器、铁器、铜器、东汉货币窖藏等物，

◎ 汉代铜鼎

尤为重要的是这里出土了方格几何纹铺地砖、涡纹、"S"形纹、云纹瓦当、绳纹排水管道等建筑构件，表明这里有了相当规模的官署建筑，相对完善的市政排水设施，不是一般聚落可以拥有和比拟的，显露出较高的规格和文明水准。

汉中郡郡治常在西城、南郑两地争论不休。皆是因为司马迁《史记》中有项羽封刘邦为汉王，"王巴蜀、汉中，都南郑"。项羽将先秦贬谪流放之地分封给刘邦，为防止他割据做大，东出争天下，煞费苦心地让其困在南郑。"项羽王诸将之有功者，而王独居南郑，是迁也"。刘邦一路落寞凄凉到了南郑，"汉王之国，项王使卒三万人从……去辄烧绝栈道，以备诸侯盗兵袭之，亦示项羽无东意。至南郑，诸将及士卒多道亡归，士卒皆歌思东归"。于是刘邦到南郑稍作休整，出其不意，从古道还，以关中为根据地东向争天下了。从四月之国，到八月从古道还，加上路途时间，刘邦在南郑停留不会超过三个月，显然这时的南郑不是当时汉中郡的郡治。

西城、南郑都是汉水中上游建置比较早的两个军事城堡，分据东西，控楚扼蜀，地位轻重随着封建王朝政治、经济、军事、文化中心的变迁而变化。秦的灭亡和西汉初期七国之乱警示中央政府，东部、南部的威胁远大于北部匈奴，必须设置军事重镇扼守。西城水陆通达，当子午道、汉水道间，选择关中屏障汉中郡郡治非西城莫属。东汉主要威胁来自巴蜀公孙述、陇西隗嚣以及羌人长期对抗。东汉建武六年（30），刘秀派遣李通在西城打败公孙述，收取汉中。为了将公孙述等势力压缩在巴蜀一带，待机歼灭，李通将郡治迁到南郑，这样也扩大了帝都洛阳的防御纵深，减轻了帝乡南阳的军事威胁。

城镇的繁荣带动了社会的稳定和经济的快速发展，促进了汉中郡人口的繁衍增长。《汉书·地理志》记载，西汉平帝元始三年（3）"汉中郡，户十万一千五百七十，口三十万六百一十四。"人们沿汉水及其支流而居，兴修水田、凿渠垦灌、饲蚕绩麻、淘金冶矿，先进的生产工具在这里已广泛使用，推动了汉中盆地、汉水谷地、月河川道等区域不断进行深度开发。以安康为例，近年在安康周边出土了许多铁器，汉滨区关庙镇征集的汉代"官"铭铁斧、中渡台遗址出土的铁铲、白家梁出土的铁铧，以及汉滨区茨沟镇出土的铁铧、铁铲，刘家营遗址出土的铁釜、铁铛等铁制日用品，表明当时铁器使用范围非常广泛，不再停留在生产和兵器使用方面，而是进入日常生活。特别是茨沟冶铁遗址和刘家营遗址铁器窖藏的发现，证明当时安康已掌握了铁器冶炼铸造技术，拥有了冶铁作坊。朝廷在这里设立了官吏，负责专营冶铁和铁器营销。

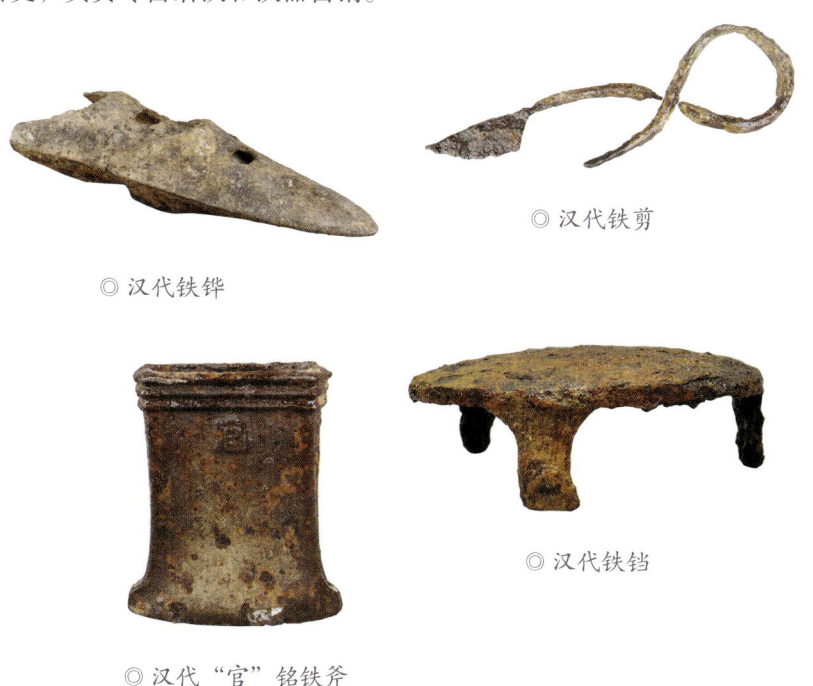

◎ 汉代铁铧

◎ 汉代铁剪

◎ 汉代"官"铭铁斧

◎ 汉代铁铛

刘家营遗址是迄今安康发现最大的一处城镇聚落遗址，位于汉滨区五里镇月河南岸刘家营村，南靠凤凰山，北部月河弯曲成三面自然屏障，易于防守，月河与汉江相通，交通方便。周围为月河河谷，地势平坦、土壤肥沃，这里是农耕时代安康最富裕的地方。20世纪七八十年代，被确认是战国秦汉大型聚落遗址性质，遗址埋藏非常丰富，经常出土绳纹板瓦、筒瓦等建筑材料，也有柳叶剑、弩机、戈等军事用品。出土的陶瓮、陶缸，形体巨大，高达80厘米。有双鱼纹青铜釜等生活用品，还有穿井固壁的井砖、瓦井壁等。2000年左右，当地农民在修建沼气池时发现铁器窖藏，出土铁釜、铁铛等物品十余件，大量仍被埋藏在房屋之下。这些出土物品种类全、数量多、体型大、工艺高，代表了当时先进的生产技术。铁器价值如前所述，这里的窖藏应该就是当时的专营场所。井砖、瓦井壁的发现，证明了当时先进的穿井固壁凿井技术也在这里推广，解决了饮水问题，极大地改善了当时人们的生活聚居环境和生产方式，丰富了人们对生存的选择。2013年其被评为国家重点文物保护单位。

　　蚕桑是农耕时代重要的经济活动。"五亩之宅，树之以桑，五十者可以衣帛矣。鸡豚狗彘之畜，无失其时，七十者可以食肉矣。百亩之田，勿夺其时，数口之家，可以无饥矣"。自古，丝绸是衣物、赋税、赏赐、外贸的重要物品，上自朝廷贵胄，下至黎民百姓，皆视蚕桑为命脉。朝廷常以诏令形式劝诫地方官及百姓，不误农时节气，及时耕桑。

◎ 汉代铜染炉

汉水谷地很早就是重要的兴桑养蚕之地，缫丝织绸盛于其他地方。虽然丝绸制品难于保存，但安康还出土了一些与丝绸有关的物品，紫阳县汉墓出土的随葬品，包扎绢绌，石泉县长安坝出土有铜熨斗。1984年，石泉县谭家湾村民谭福全在池河淘金时发现鎏金铜蚕一枚，上交给陕西省博物馆（今陕西历史博物馆）收藏，经专家鉴定是汉代鎏金铜蚕，蚕身长5.6厘米，腹围1.9厘米，首尾共计九个腹节，做仰头蠕动吐丝状，造型生动逼真。有人说鎏金铜蚕是蚕农作为祭祀的"神"物，祈求蚕神护佑蚕业平安兴旺，还有说这是汉代朝廷对养蚕大户的表彰奖励。不管用途如何，都表明了汉代时这里蚕桑业繁荣兴盛。鎏金铜蚕形态神似、比例准确、工艺精良，只有专门的工场作坊才能拥有这种技术，绝非一般民间所为。2017年5月14日，国家主席习近平在"一带一路"高峰论坛主旨演讲中提到"古丝绸之路打开了各国友好交往的新窗口，书写了人类发展进步的新篇章。千年'鎏金铜蚕'见证了这段历史"。

◎ 汉代陶溷（hùn）

安康有在汉水及其支流采淘砂金的传统，从春秋战国、秦汉一直延续到近现代，久负盛名，并以赋税形式供奉朝廷。《魏书·食货志》记载，"有金户千余家，常在汉水沙中淘金，年终总输"。554年因盛产砂金改魏兴郡（今安康）为金州，金州地名一直用到明万历年间，1583年因水灾改名兴安州。古代淘金遗址在月河川道多有发现，2009年第三次全国文物普查时，在汉阴县双乳镇发现了汉代淘金井遗址，地处月河岸边取土断崖上，破坏严重，情况不明。同年在汉滨区

◎ 汉代淘金陶井甃（zhòu）

五里镇江店村月河河床中也发现淘金竖井遗址，这些淘金遗址与刘家营遗址邻近，大约300平方米范围内分布十余口废弃竖井，平时基本被水淹没。井口直径50～90厘米，井壁为坚硬黄沙土质，深浅不等。其中有两口井中保存大型绳纹陶井甃，一口三节相叠，一口仅存一节。高45厘米、直径75厘米。清理出土夹砂灰陶罐、釜等物品。据当地淘金人讲，淘金井是将携带麸金细沙通过渗流汇集井底，称之为"流绵"，将流绵通过淘金盆做到金、沙分离。用陶井甃相叠来固定井壁，防止松土塌落，卵石淤塞，做到淘金井长期使用和粗沙粒自然筛选，这是汉代汉水流域淘金的一个伟大创举。

开采冶炼水银是秦汉时期旬阳当地重要的经济活动。20世纪六七十年代地质调查时，在这里发现矿洞2000余处。2008年，第三次全国文物普查期间对旬阳境内部分古矿洞遗址进行了登记，在商洛市镇安县相邻地区也发现了大量古矿洞遗址。2013年，陕西省考古研究院组织对古矿洞遗址进行了专题调查。由于采矿对历代遗迹的破坏，难以寻找到开采肇始的确切历史证据。不过从历史传说和周边文物地理环境调查中仍能得到许多启示。采矿遗址主要集中在旬阳北部与镇安交界的郧西大梁，有小河与乾佑河、旬河相通，与秦楚古道距离相近，沿途发现有许多栈道、驿站、聚落遗址。这里深处大山，与世隔绝，至今流传着汉代刘邦、张良的故事，沿用着"圣驾""落驾""公馆""张良庙"等许多古

◎ 旬阳青铜沟采矿遗址

地名。西北大学文博学院院长段清波教授，长期从事秦陵发掘研究工作，他在接受央视采访中断言秦陵地宫水银来自旬阳。战国秦汉时期，支撑秦陵地宫、陶冶砂金、青铜鎏金和漆木器制作等生产生活所需大量水银，证明当时旬阳境内已经拥有相当成熟的水银探矿、采矿、冶炼、运输技术，大规模作坊开采冶炼应该是情理之中的事。

西汉文景之时，社会生活崇尚节俭。孝文帝刘景推行无为而治，与民生息，提倡节俭，"身衣弋绨，所幸慎夫人衣不曳地，帷帐无文绣，以示敦朴，为天下先"。中期以后，社会经济繁荣，奢靡享乐成为当时普遍的社会风气，至东汉灭亡也没有明显改观。安康汉墓出土的陪葬品比较全面地反映了这一时期的汉人生活。西汉初期多为土坑竖穴墓，随葬遗物较少，主要有陶罐、

◎ 汉代铜熨斗

◎ 汉代铜戈

铜鍪、铜勺、铜钫、铜蒜头壶和一些半两钱，后期出现了陶锺、陶鼎、陶盆、灰陶俑等。西汉晚期流行单拱砖券墓，以砖铺地，墓砖质地坚硬，侧面模印几何纹饰，部分有砖铭和画像，一般有子母口。陪葬物品也相对丰富起来，开始出现家禽模型和铜镜随葬。东汉厚葬之风盛行，"事死如事生，事亡如事存，孝之至也"。朝廷"以孝选贤能""世以厚葬为德，薄终为鄙"，士人为博孝名，跻身仕途，不惜倾家荡产厚葬逝者。墓室营造繁缛华丽，墓砖花纹多样，花草纹、几何纹、方格纹、钱纹、鱼龙纹，"大吉富贵""长乐八千万"等吉祥用语普遍运用，陪葬品反映当时现世日常生活的方方面面，成组陪葬已是当时墓葬的一般讲究。大量铜鼎、钫、锺、壶以及兵器、车马饰件、五铢钱币、陶俑等出现在墓葬中，釉陶陪葬用品成为时尚追求，釉陶鼎、锺、博山炉等明器，釉陶灶、烘炉、溷、井、仓、磨以及猪、狗、鸡、鸭等模型应有尽有，囊括了死者生前衣、食、住、行、用。值得专门一提的是，在汉滨区建民办一带发现的东汉墓葬中出土有摇钱树，出土时残损严重，人形树干和钱文

第一章　脉源安康　安康人文历史

◎ 汉代铜蒜头壶

◎ 汉代铜灶

◎ 汉代绿釉陶狗

◎ 汉代瓷锺

◎ 汉代釉陶锺

枝叶依稀可见。这种葬有摇钱树的墓葬一般多见于巴蜀地区。这些墓葬和陪葬品是安康考古发现的主要成果，占了安康文博机构收藏品的七八成。

安康汉代画像砖墓是这一时期的显著特色。20世纪八九十年代，在平利县老县镇锦屏村发现了龙、虎纹空心砖，以及宴乐出行画像砖数块。龙虎纹画像砖，两块，长方体，长70多厘米，空心、两端有圆孔。正面分别模印龙身虎头、虎身龙头图案，两块拼接用于墓室内部，龙、虎纹源于东汉四神崇拜。宴乐出行画像砖数块，方形，边长58厘米。砖面用模范压印成连续方形画面13幅，分4层排列，描绘出一次宴乐歌舞的全部过程。上部三幅各为一人物，都依几端坐、体态雍容闲适，第二层和第三层是节目表演，有杂耍、说唱、奏乐、建鼓舞、盘舞等，最下层是4幅内容相同的骑马奔走的人物，应是宴乐结束，宾客纷纷骑马回家。如同一幅连环画，描绘了汉代迎客、宴客和送客的热闹场景，画像砖中的舞者形象，都是小腰秀颈、臀部浑圆、长袖挥舞、造型飘逸，以折腰、舞袖来表现轻柔的舞姿，具有浓郁的楚地风格。汉承楚风，乐舞也继承了"楚舞"的风格，

◎ 汉代摇钱树

为研究中国舞蹈艺术史提供了珍贵的资料。另外还有车骑仪仗、舞乐百戏、祥瑞异兽、神话典故等内容，题材和内容接近南阳画像石墓，在陕西境内东汉墓葬并不多见，作为一种墓葬表现形式，处在徐州、河南与四川画像砖传播之间，填补了汉画像砖地域分布的空白。

从画像砖的内容可以看出汉代人享乐安逸的幸福生活。汉代文化娱乐多姿多彩，流行角抵、博弈、俗赋、俳调、歌谣、隐语、说唱、歌舞、宴饮、杂技、幻术等百戏杂耍，汉武帝元封三年（前108）春，曾在京都长安举行了一场"百戏"大汇演，"三百里内皆观"，轰动中外。以宴饮为例，汉代宴饮非常讲究，根据《仪礼·乡饮酒礼》的记载，当时宴饮

◎ 汉代宴乐画像砖拓片

有很多规矩，宾席要设于窗前，面向南，而主人席设于阼阶上，面向西。众宾皆独坐，设席有主次之分，身份地位不同的人席位不能连接。主人不仅会按照宴会规格和与会者身份安排相应的座次和饮食，还会在席间安排乐舞百戏或投壶六博等节目以助雅兴。乐舞常常是汉代宴饮助兴的重要环节，融音乐、舞蹈、杂技于一体，庙堂之上有雅乐舞，民间"歌舞俳优，连笑伎戏"的俗舞也别开生面。除了乐舞之外，席间还流行一种酒令游戏——投壶。投壶游戏秉承着儒家六艺中的骑射礼，宴饮时宾主之间有奉矢、进壶等"三请

◎ 汉代投壶

三让"的礼节，然后在音乐声中投完所奉之矢，以投中多少论输赢，输一局者饮酒。人们将投壶看作一种礼，《礼记·投壶》称为"投壶之礼"。投壶在宴饮过程中既讲究等级尊卑的礼节，又具有娱乐宾客的功能，且娱乐功能渐渐超越礼的意义，从先秦一直流行到清末。这种投壶在安康也有出土。

四、安宁一方

"万年丰乐、安宁康泰"，安康，作为地名历史悠久，但和今天的"安康"关系不是很大。

东汉建武六年（30），李通在西城打败公孙述，夺取汉中郡，将其势力压缩在巴蜀地区，为了防止公孙述卷土作乱，陇西隗嚣的威胁，迁汉中郡郡治南郑。东汉末年，黄巾之乱爆发，东汉摇摇欲坠，进入了动荡时期。曹操与马超争战关中，社会动荡不安，关陇人民流离失所，数万家口从子

午道逃往汉水巴山一带避难,历史称之为"巴汉流民"。三国之世天下也不太平,这些流民就一直占据这里,族党群居,给当地社会治理造成了巨大压力。西晋太康元年(280),改安阳县为安康县,取意"万年丰乐、安宁康泰",将当地流民集中在今天紫阳至汉阴汉水两岸,同时在汉水巴山其他区域增设郡县,进行管理。安康当时叫魏兴郡,治西城。到乾隆年间,将汉阴并入,设安康县,安康才正式名副其实。历史上,这里是分裂对峙政权的前线边疆地区。三国魏晋南北朝至隋,大小王朝交替兴灭,少数民族入主中原,"你方唱罢我登场",战争连年不断,人口锐减,经济凋敝。汉水谷地是魏晋南北朝时期人口迁徙的主要通道,裹挟而来的衣冠士族、工匠艺人深深地影响着文化的交融传播,边境贸易互市,经济往来频繁,南北物质文化交流搭起了南北文化交流的桥梁,推动了民族大融合。安康魏晋南北朝时期墓葬出土的陪葬品,都深深烙上了南北文化记忆。

三国时期,汉水流域是曹魏和蜀汉争夺的主要战场。汉献帝建安二十年(215)秋,曹操占据汉中,将西城、安阳合并为西城郡。建安二十四年(219)春,刘备夺取汉中,命宜都太守孟达(陕西扶风郡郿县人)自湖北秭归北攻房陵(今十堰市房县)。孟达杀房陵太守蒯祺,进兵上庸(今十堰市竹山县东南)。刘备

◎ 南朝青瓷盘口壶

派义子刘封自汉中乘船顺流而下，呼应孟达进攻上庸。上庸太守申耽投降，刘备加封申耽为征北将军，领上庸太守；申耽之弟申仪为建信将军、西城太守；刘封为副军将军留镇上庸，屏障汉中东南。孟达与刘封不和，又畏惧不救关羽之罪，"延康元年率部曲四千馀家归魏"。曹魏合并房陵、上庸、西城三郡为新城郡，孟达为新城太守，与右将军徐晃进攻刘封，取上庸。曹魏黄初二年（221），曹丕取"曹魏兴盛"之意，改西城郡为魏兴郡，属荆州，治所设在西城县。曹魏明帝太和元年（227），孟达归降于蜀，诸葛亮命孟达继续守魏兴郡。228年正月，司马懿讨孟达，破新城，斩孟达。孟达死后葬于旬阳县城东，墓背依山坡密林，面临涛涛汉水，呈覆"斗"形，封土高约3米，周长约10米，现为陕西省重点文物保护单位。

"每失汉中，刺史则镇魏兴。"西晋太康元年（280），取"万年丰乐，安宁康泰"之意，改安阳县（今汉阴）为安康县，安康得名由此开始。短暂的统一之后，西晋朝廷内乱，中原地区遭受"八王之乱"的破坏，人烟殆绝，燕难归巢，大量流民流向南方经济丰裕和社会安定之地。魏兴郡社会环境始终相对安定，流民大量迁入，郡城县邑设置骤增。安康因其重要的战略地位，受到统治者的重视，社会相对稳定，经济得到一定发展，孟达在写给诸葛亮的信中赞美："黄壤沃衍，桑麻列植，佳饶水田"。

东晋以降，安康反复沦为战区，成为割据政权争夺的军事战略重地。东晋孝武帝太元三年（378），前秦苻坚进攻东晋，遣韦钟攻魏兴郡。魏兴郡太守吉挹固守魏山两年，牵制韦钟东进襄阳，城破绝食而亡。《水经注·沔水》记载："汉水又东，右得大势，势阻急溪，故亦曰急势也。依山为城，城周二里，在峻山上，梁州都护吉挹所治，苻坚遣偏军韦钟伐挹，挹固守两年不能下，无援遂陷。"后人念其忠烈，将"急溪"改称"吉河"，建"吉公庙"祭祀，此地留有古战场。吉挹古城位于安康城西数里，建于魏山之上，

◎ 吉挹古城遗址

依山势而蜿蜒起伏，面积约 2500 平方米，呈不规则方形，东、西、南、北皆险绝，仅西北一面略通人行；墙体由页石垒砌，周长 250 米，最高处 3 米，低处仅 1 米。吉挹古城临绝汉江，控阻东西，现为陕西省重点文物保护单位。

安康地处汉水中游，长期为东晋占据。南北朝时期，属宋齐梁势力范围，晚期属北周。一直是南北征战和割据的边疆前线，也是流民迁移和民族融合的大通道，朝廷在移民迁入较多之地实行"土断"制度，将南渡农民和流民转化为编户齐民，加强对流民的管理，扩充赋税来源，增加国库收入。地方豪强地主沿袭东汉以来的坞堡庄园经济，筑坞堡自保。坞堡庄园成为流民聚合自保的地方基层组织，担负起特有的政治、经济、军事功能。这些地主豪强依托坞堡组织流民，训练私人武装或家兵，即所谓的部曲，流民通过这种人身依附方式在乱世中获得庇护。三国时孟达"率部曲四千馀家归魏",有部曲四千户。安康县(今汉阴县)人李迁哲,监统本乡部曲,先后任安康、魏兴郡守,东梁州刺史等职,督魏兴、上庸等八郡军事,实力非同小可。李迁哲原为陇西狄道人,四世祖李景避地安康,家族世代为山南豪族。南朝梁时,李迁哲后投西魏入川镇守白帝城,授信州、平州刺史,死赠金州总管。汉滨区建民办长岭南朝2号墓曾出土了一批部曲俑,表明魏晋南北朝时期汉水流域部曲地位依然很高,没有沦为"贱口"。

　　安康保存完整的魏晋南北朝时期墓葬不多,大部分在农田建设和城市建设时被挖毁。多次文物普查发现,这时期以砖券单室或双室墓为主,墓砖在大侧面或小侧面模印画像、纪年文字,分布在紫阳以东至白河汉江两岸以及重要支流浅山丘陵一带,横向分布超过5千米,旬阳、白河比较密集。安

◎ 南北朝部曲陶俑

第一章　脉源安康　安康人文历史

◎ 铭文砖

◎ 南朝青瓷莲瓣纹碗

康博物馆、旬阳博物馆采集收藏了大量的这一时期铭文砖、纪年砖、画像砖，已成为当地的馆藏特色。安康博物馆以安康城区为中心，抢救性清理安康张家坎新康厂墓葬，许家台墓群，长岭2号墓和解放路中学等数座南朝墓葬，出土了一批以陶、瓷器为主的陪葬用品，六系盘口青瓷壶、青瓷鸡首壶、青瓷刻花莲瓣纹碗等器，同江南出土的六朝青瓷器实为一家。

◎ 南北朝陶狗、鸡、鱼、牛

　　新康厂墓葬是迄今安康发现的最大的一处南朝墓葬，墓葬出土有"梁天监五年"纪年砖，有明确纪年，可以作为陕西乃至全国同时期墓葬的断代标尺。陪葬品十分丰富，有镇墓兽，金银器，铜镜，徒附，鼓乐、吹奏、骑士陶俑，陶牛车，陶鸡、狗、鱼等生活明器，以几何花卉、武士画像砖营造墓室氛围，生活气息浓郁。墓葬被砖厂推土机推出，墓葬毁坏严重，陪葬品多为碎块，难以修复，虽然无法还原当时的墓葬信息，但仍然可以感受到墓主人的高贵身份。

　　长岭2号墓位于安康市江北长岭罗木匠梁，1982年农民盖房时发现。为带耳室的砖筑双室墓，墓砖饰以缠枝花、叶脉纹和菩提纹等，墓葬形制与结构是典型的南朝墓葬风格。出土器物数量多、种类全，陶俑完整、情态各异，有穿北方胡人翻领

第一章　脉源安康　安康人文历史

◎ 镇墓兽

◎ 铜镜

◎ 陶马

◎ 胡人陶俑

皮衣，着皮冠的武士、徒附俑，也有交衽束衣小冠扮像的侍者、鼓乐俑。随葬品中出现了胡人俑，深目高鼻，着圆领长袍，增加了墓主人身份之谜。墓主人同新康厂墓主人都非等闲之辈。

　　魏晋南北朝时期，五胡入主中原，大量胡人在长安落土为籍，一部分也随着关陇流民来到了汉水谷地，他们天生具有经商才智，做起了丝绸、茶叶的生意。安康盛产丝绸和茶叶，是中国丝绸和茶叶的重要原产地之一，古代联系成都、关中两大天府之国，便捷的交通在这里中转，沿着这条路向西南就到了四川，向北便是古代丝绸之路起点西汉都城长安。大量胡人就在这里贸易丝绸、茶叶。《隋书·儒林传》载何妥为西城（今安康）人，其父细胡。擅长做生意，南朝梁时在成都经商，为西州大贾，后家居郫县。1985年安康紫阳宦姑乡出土的一组六块伎乐舞铜带板，每块分别雕刻胡人弹琵琶、胡人吹笙、胡人击鼓、胡人舞蹈图案，乐伎铜带板的"胡旋舞"造型与敦煌莫高窟壁画"佛国世界"中的220窟北壁"东方药师净土变"中的《胡旋图》相比，其衣着、造型、舞姿等，均有着惊人的相似之处。我国古代男性衣着服饰讲究系腰带，束长袍。不系带称"散腰"，缺乏礼教修养。腰带多以皮革、丝绦为之，讲究配饰，配饰成为身份地位的标识。

　　唐代以革带入官服，标志官阶的高低，唐代以后仍有承袭。革带板饰多玉、金、银质地，铜质带板不多见。历代板饰的形状、数量及排列方式都有规制，镶在带两端的圆角矩形带板叫"铊（獭）尾"，中间的方形或长方形带板叫"銙（kuǎ）"。从板式造型、图案人物以及质地判断大致在北周前后，这种带饰也只有在胡人日常生活才会使用。安康当地还出土了一件北周乐舞贴塑胡腾舞瓷壶，也有人认为是唐代长沙窑时期的作品，现收藏在陕西历史博物馆。这些胡人风格的遗物从墓葬中出土，已不是孤立的存在，北方胡人已深深植根在这里，见证了南北朝时期民族大融合的历史。

◎ 南北朝胡人乐舞铜带饰

西魏统治时期，魏兴郡改名金州。西魏"废帝元年，王雄平魏兴，以其地置东梁州，三年（554），改东梁州为金州"。安康盛产砂金，《魏书·食货志》记载："有金户千余家，常在汉水沙中淘金，年终总输。"汉水及其支流采砂金的历史可以追溯到秦汉时期，并以赋税形式供奉朝廷，在月河川道发现多处淘金矿井遗址，出土了绳纹陶井圈及夹砂灰陶罐、釜等珍贵文物。唐、宋、元、明称为金州，沿至明万历十一年（1583）。北周武成二年（560），撤西城县改称吉安县。北周末年废县，复设魏兴郡。581年，隋文帝代周建立隋朝，589年隋灭陈，统一全国，复设西城郡。旬阳县独孤信印的发现和面世给这段历史作了最好的注解。

1981年，旬阳县中学生宋清在县城东门外旬河岸边玩耍时发现了独孤信印，经旬阳博物馆认定收藏。经鉴定考证，这是一枚多面体煤精印，印的主人是西魏大将独孤信。印体八棱，高4.5厘米。有26个印面，18个正方形印面有14个镌刻印文，共计47字。此印是我国迄今为止印面最多、正文字数最多的印章，印文有"臣信上疏""臣信上章""臣信上表""臣信启事""大司马印""大都督印""刺史之印""柱国之印""独孤信白书""信白戕""信启事"及"耶勅""令""密"等。分别为公文、上书和书信用印三种用途。"印文均系阴文魏书，书法雅健劲拔，含有浓厚魏意。据鉴定为北周大司马独孤信之印"。《周书》有传，独孤信，503年生，原名独孤如愿，西魏、北周大将，突厥（鲜卑）望族。祖籍云中（今山西大同），北朝武川镇（今内蒙古武川县西南）人，史称"美容仪，善骑射"，朝廷"信著遐迩，故赐名信"。北周"迁太保、大宗伯，进卫国公"，557年被逼自尽。一生有七个女儿，三个女儿分别嫁给了北周明帝宇文毓（长女）、隋文帝杨坚（七女）和唐代开国皇帝李渊的父亲李昞（四女），形成历史上"一门三皇后，三朝老丈人"的美誉。这枚印章的发现尽管有许多疑问悬而未解，但不管独孤信印是如何流落至旬阳，只要身居高位、地位显赫的独孤信到过汉水流域，就足以证明安康地区在南北对峙期间重要的军事地位。独孤信印以煤精为材质，集多种用途于一身，在历史上非常罕见，堪称国宝。目前，珍藏在陕西

◎ 独孤信印

◎ 唐长沙窑壶

历史博物馆，2019年高考数学几何以此为题，一时成为网红国宝。

隋唐时期，安康地区行政建置进行了比较大的调整。武德元年（618）洵阳县升为洵州，领洵阳、驴川（间川）和洵城三县，分安康县置西安州（七年改为直州），领宁都、广德二县。唐玄宗时，分天下为十五道，安康属山南东道。山南东道地区军事地理位置重要，安史之乱后，借汉江水运之利，安康成为唐朝重要的财赋运输集结地和转运地，对于维系和巩固唐中央政权起到了至关重要的作用。尽管如此，人户依然偏少，经济落后，"棹寻椒岩萦回去，数里时逢一两家"，唐代诗人方干《路入金州江中作》反映了当时的情况。金州、山南道也因此成为因连坐或党争、失职违法、被诬陷或违旨等获罪的官员被贬之地，被贬官员的政治才能和文化素养较高，在实行惠政、开发地方、保境安民和移风易俗等方面给当地发展带来了难得机遇。金州茶叶、土漆、砂金被开发出来，成为当地贡物。《新唐书·地理志》有"金州汉阴郡，土贡金、茶芽"记载。唐代陆羽在《茶经》也提到，茶叶"生金州西城、安康二县山谷"，安康出土的白瓷茶注、邢窑茶碗、耀州窑茶碗，表明这里饮茶风气大开，茶叶种植成为当地重要的经济活动。唐末战乱，民众再次南迁，金州人口却呈上升之势，到唐会昌四年（844），金州户已达四万以上。

北宋时金州属京西南路，南宋时属利州东路。经唐末五代之乱，金州人口骤减。北宋元丰年间，只有户主一万三千一百三十二，客二万三千四十九，整个金州不到四万人口，经济发展水平相对落后。靖康之乱，南宋与金对峙一百多年，靖康之乱引发了中国历史上继永嘉之乱、安史之乱后的第三次人口南迁。金州成为双方在川陕地区展开长期拉锯战的主要战场，南宋常年在此驻有重兵，采取移民迁徙和营田政策解决军粮并恢复经济，金州蚕桑种植、纺织业、茶产业、稻麦两熟一度得到恢复发展，成为宋军重要的后勤保障地。爱国诗人陆游《题郭太尉金州第中至喜堂》云："安康甲第天下传，玉题绣井摩云烟。落成鼓吹震百里，意气欲压秦山川。"安康白家梁宋墓出土一组侍女俑，也被收藏于陕西历史博物馆。陶俑表情各异、神态端庄。各地还出土宋代铜镜、影青斗笠瓷碗、瓷粉盒、人物建筑构件、阴司买地券等，都从侧面证明当时社会经济活跃，社会秩序相对稳定。

◎ 宋影青瓷小盖罐

金为夺取巴蜀，从大散关、和尚原、仙人关和商洛武关道迂迥金州，两路进攻兴元府（汉中）。南宋绍兴三年（1133），宋、金两军在石泉饶峰关激烈大战，宋将吴玠、王彦率所部凭险据守，大挫金军锐气。这里出土几枚金代"都统之印"，可以推知当时战事紧急，金兵将帅仓皇之间遗落在金州。以两个王彦、任天锡等为首的抗金将领坚守金州，为支撑南宋偏安政权起到重要作用。据任天锡墓碑记载，任天锡，山西灵石人，南宋高宗建炎四年（1130），被川陕宣抚使张浚招为部下，后知金州，兼任金、房、开、达等州安抚使，历任贵州团练使、御前诸军都统制、和州防御使、果州团练使等职，爵封安康郡侯。任天锡骁勇善战，临敌制胜，多所全活，世称"任佛子"。淳熙五年（1178）正月卒，葬在今汉滨区张滩镇汪岭村，碑存于安康博物馆。安康城西许家台有古墓，墓前神道有成对石望柱、石虎、石羊、石马、石人，是安康境内保存规制最高的墓葬。墓主人身份传说纷纭，1996年陕西省考古研究所对安康许家台宋墓进行了发掘清理，引出两个王彦的抗金故事。

上许家台宋墓位于安康城西汉江与月河交汇台地上，北靠凤凰山，南面江面开阔，环境绝佳，是当时陕西发现的最大的一座宋墓。墓室采用典型宋代砖雕仿古建筑方式营建，空间宏大，陪葬遗物不多。墓葬所有信息集中于墓出土的两通碑刻。据碑文知，该墓是当时金州知州王彦为已故父王诚衣衾和母亲马氏建的合葬墓。据《宋史》考证，宋代同一时期有两个王彦担任过金州知州。以任职先后大小别之，大王彦，山西上党人，先后组织"八字军"，和岳飞同僚抗金，建炎四年至绍兴五年（1130—1135）年驻守金州组织抗金，任金、房、开、达州镇安抚使，与金兵、伪齐军作战，屡获胜利，事迹《宋史·王彦传》有载，位列安康文庙昭忠祠。小王彦，祖籍陕西绥德，也是山西上党人，绍兴二十七年至绍兴三十一年（1157—1161）担任金州知州，任金、房、开、达安抚使，主要任务也是抗金，《宋史》无传，被后世混同大王彦。守金州期间，其母马氏不幸去世，以故去40余年的父亲王诚衣衾与母择葬安康。有趣的是，两个王彦不但同名同姓，还同是山西上党老乡，同时代干同样的事，同在金州任知州抗金。发掘清理结果让人有些失望，但是碑文帮我们理清历史脉络，纠正了地方志误会。两个王彦，加上任天锡，三个山西人同在金州抗金，让宋金对峙历史研究更加丰满多彩。他们为抗金背井离乡、客死他乡的英雄气概，是中华民族生生不息的精神源泉。

◎ 许家台宋墓神道石刻

1236年，蒙元军队占领陕南。十室九空，金州降为散州，西城、汉阴、石泉、平利、旬阳县俱废。

五、佛道乐土

如前所述，唐宋时期安康历史文化遗存极为罕见，从博物馆的藏品中就可见一斑。这一时期唐代墓葬极少发现，宋墓虽有零星发现，大多空无一物，罕有陪葬品。唐宋以降，国家政治、经济、文化中心向东南转移，人口、财富、文化、技术都流向了土地资源富饶之地，秦巴山地经济社会好像进入停摆状态，灾害频仍，迭遭兵燹，加剧了该地区的落寞萧条，人们把对生活的希望寄托于"神灵"的保佑，在顶礼膜拜中寻找精神的慰藉，在晨昏祷告中释放生活的压力。考古资料证明，佛教至迟在魏晋时期就已经传到了安康，唐宋达到传播鼎盛时期。唐初这里建起了双溪、天圣、万春、新罗"四大丛林"，礼佛问道成了安康精神文化生活的主题。

两汉之际，佛教传入中国。魏晋南北时期，长期动荡不安的社会环境给佛教传播提供了肥沃土壤，佛教大兴。北魏文成帝在大同开凿云冈石窟，孝文帝在洛阳营造龙门石窟。南朝各代帝王大都崇信佛教，杜牧诗云"南朝四百八十寺，多少楼台烟雨中"。安康是南朝齐梁的范围，梁武帝佞佛影响到汉水流域，佛教传入魏兴郡并逐渐流行起来。

20世纪六七十年代，在白河至安康汉江两岸缓坡地带挖毁了很多墓葬，出土的墓砖散落在田间地坎

◎ 南朝佛释画像砖

◎ 汉代香薰炉

◎ 经幢

之中。第二次全国文物普查时采集到许多墓砖，这些墓砖侧面一般装饰有忍冬花、缠枝花纹，还有图案化的飞天、菩提树、香薰炉和足踏莲花墩带背光的佛陀画像等。这些内容题材与佛教有关，引入墓葬中，开风气之先，为汉代以来葬俗注入了新的内容。就目前考古出土资料看，这种墓葬形式主要流行于南方地区。

唐代，佛教逐渐形成具有中国特色的宗派体系，有律宗、禅宗、天台、净土、密宗等。由于安康位于秦巴山地之间，汉江穿境而过，子午道、汉江水道沟通内外，距国都长安不远，优良的自然环境和便利的交通条件，成为佛教传播净土。今天在安康发现最早的摩崖题刻，"唐武德八年（625），住山沙门真觉大士记，敕赐山田周五百里，永充香火"，摩崖刻于宁陕县观音山蜡烛峰西侧，邻近古子午道。通过题记可以看出当时朝廷政府对佛教传播是非常鼓励和支持的。此时，百丈禅师推行的丛林制度在金州盛行起来，形成了双溪寺、万春寺、新罗寺、天圣寺佛教"四大丛林"。

双溪寺位于安康市巴山东路，建于唐，因临南山施家沟、陈家沟二水而得名。南宋绍兴三年（1133）扩建，清同治年间被太平天国焚毁，后重建。寺内曾钟鼓楼对峙，大雄宝殿、地藏殿、伽蓝殿层层递进，方丈、临院、禅堂两序对称，殿后塔林环绕。1981年，大殿附近出土唐代跏趺坐佛一尊。保存有清代"新立禅林规约碑""珠海和尚五传大戒碑"。民国四大高僧之一印光法师，曾在此受具足戒，至今香火旺盛。印光法师，陕西合阳人，1881年在终南山南五台出家，1882年来安康双溪寺从印海法师修习佛法，被尊为净土宗十三祖。

万春寺位于汉滨区关庙镇，始建于唐咸通十二年（871），寺院占地约1.3万平方米。院内正殿五间，古朴肃穆；侧厢两廊，清素淡雅；楼阁亭宇，金碧辉煌；今已面目全非，万春寺前的万春洞至今保存着北宋大观、宣和，南宋开禧和明嘉靖时期的摩崖刻字。其中宣和摩崖题记可见"金州梅花山万春寺石窟观世音像，传唐咸通十二年岁次辛卯八月乙亥十九日癸亥塑也"。表明万春寺曾香火流传，经乱不废。

天圣寺为唐元和年间（806—820）之杏溪寺，位于现安康市城西，初名华严寺，宋天圣年间（1023—1032）重修，改天圣寺，

◎ 明代童子造像

寺院面积达6万余平方米，气势宏伟，大雄宝殿、钟鼓楼雕梁画栋、古朴典雅，殿宇厢房百余间、佛释造像千余尊。明代吏部侍郎温仁如赋诗道："日落江岸蒙雾雨，晨钟礼佛听蛟龙。"

新罗寺是唐代为新罗国僧人所建寺庙，以新罗命名，在全国并不多见。见证了唐与新罗国友好往来。

新罗寺始建详细年代，因何而建，因年代久远，记载阙遗。明清州府志书所载，多系传说和推测。明代万历许尔忠编纂《兴安州志》："新罗寺，唐贞观年所建。"清康熙年间武进人高寄纂成《兴安州志》："唐贞观初，酆王为新罗僧人建"。李启良先生在《唐代金州新罗寺》一文中讲到"有一种传闻，说新罗寺建于唐贞观年间，系酆王李元亨为新罗寺僧人所建。元亨是高祖李渊的幼子，贞观初授金州刺史。贞观十二年（638），新罗国僧人慈藏率领门人到长安，其弟子僧实率使者往金州。僧实看到汉江，眷恋不忍离去，因请酆王于江畔立寺以遣乡思。贞观十三年（639）刺史段志玄助成之，颜其额曰'新罗寺'。"这是迄今最为详尽的说法，也很浪漫，但仍有许多疑点。

新罗僧人慈藏，金姓，新罗国贵族，贞观十年（636）到唐朝学习佛法。其事迹在唐道宣著《续高僧传》有载。慈藏来唐时，酆王已经去世了。将慈藏等人求法与酆王李元亨、段志玄等放在一起，可能与二人都担任过金州刺史有关系。段志玄，唐开国功臣，鼎力帮助唐太宗登基，图形凌烟阁，贞观十一年（637）授金州刺史，但从来就没有到过安康。酆王李元亨，

◎ 新罗寺铁钟

李渊第八子，其母在玄武门之变中没有选边站队，贞观二年（628），十岁时就被兄长李世民授金州刺史，谪贬出长安，贞观六年（632）抑郁而死。"及之藩，太宗以其幼小，甚思之，中路赐以金盏，遣使为之设宴"。也许李世民觉得这样对待自己的同父异母的小弟有点过了，于是多次派人到金州慰问，多派随从侍者，修建馆舍寺庙，慰藉幼小的心灵，也是可能的。从以上史实看，新罗寺应该是建于唐贞观年间，但与慈藏等人关系不大。在慈藏来唐之前，已有许多新罗僧人来中土学习佛法，著名的有圆光法师等。也许新罗寺主人另有其人。

北宋长安诗人李复的一首诗也许能够解开新罗寺主人之谜。北宋晚期，李复任职夔州（奉节），途径金州，到访新罗寺。写下了《新罗寺唐有新罗僧咒草愈疾卵塔今在闲来因题》云："断石传遗事，唐年刻永徽。庭荒灵草尽，塔坏礼僧稀。古殿含凉气，空堂照夕晖。独来人不问，行听暮钟归。"李复不仅到访在新罗寺，还见到了唐高宗永徽年间的碑刻，拜谒了新罗僧咒草愈疾卵墓塔。表明北宋时期新罗寺虽香火不复如前，落寞寂寥，但殿堂仍存，佛事不废。并且保存有唐永徽年间的碑刻，新罗僧咒草愈疾卵灵塔。咒草愈疾可能就是新罗寺主人并长眠在这里了。

也许是皇家恩照，新罗寺相沿不废。南宋嘉定十七年（1224）"大宋金州江西新□□化到十方施主铸造洪钟一鼎，约计万斤，永光梵刹"，可见香火日盛。新罗寺铁钟重约2.5吨，通高280厘米，口径155厘米。兽头纽，肩饰粗线覆莲纹，莲瓣18个，每瓣饰佛像一尊，其下为几何纹带，纹带下为两周斗方，每周各八块，斗方中置文字或武士像，钟身铸刻"皇帝万岁，重臣千秋；佛目长明，法轮常转"等铭文，是研究宋代铸造工艺和书法艺术的珍贵文物。新罗寺铁钟比北京钟楼永乐大钟早200多年，比杭州西湖南屏山铁钟早160年，也早于西安小雁塔大铁钟。

新罗寺毁弃在明代。相传明代官宦谢家女眷进香受辱,御史谢文毁寺葬祖,民谣"打掉新罗寺,葬了谢家坟,日少千竿竹,夜少万盏灯"。2019年新罗寺遗址公园建设中,在新罗寺遗址西北山下发现了谢文母亲王氏墓志,墓志出土地与新罗寺遗址相距有段距离,后代不明就里,附会寺毁原因,其实是民间对谢氏的诬陷。根据明末州志推断,新罗寺到万历年间还存在香火。新罗与中国历朝一直交好,在山东、福建等地都有唐宋时期遗留的新罗人居留村落,而由朝廷专门为新罗僧人修建寺庙,并以新罗命名,安康新罗寺是唯一的了。

康熙《兴安州志》云:"在西津渡北,此山面水,俯瞰郡城。郡人谢御史毁寺葬祖,及寺毁而谢氏亦绝嗣。有铁钟重万斤,宋嘉定十七年所铸。"循着志书所载新罗寺地望,我们在安康

◎ 宁陕城隍庙

城西七里沟山坡上找到了新罗寺遗址。这里紧邻汉江，坐西向东，依山面江而建。地表发现有赑屃，砖瓦残片。经过简单勘探，遗址出土有手印纹长条砖、红陶绿釉脊饰等遗物，带有明显的寺庙文化属性和唐宋时期特征。南宋嘉定年间铸造的铁钟保存至今，收藏展示在安康博物馆里。

宋代以后，安康境内民间建寺凿窟，捨资造像蔚然成风。通过考古调查，在安康境内发现了许多寺庙遗存，出土了大量精美的宗教佛释造像。旬阳县七里乡万佛寺，始建于北宋，遗址内保存佛、菩萨、天王、罗汉、供养人等石造像二十余尊，造像比例适当、形体逼真、神态各异，罗汉有胡人特征。佛释著花鬘冠，右袒袈裟，全跏趺坐，施禅定印。佛、菩萨、罗汉、韦陀精雕细琢。现全部迁移至旬阳博物馆保存。1988年《中国文物报》专门做过报道。旬阳县千佛洞，位于七里乡中沟山梁，始凿于宋元，窟正壁及两侧现存大小造像800余尊，历代修葺传承有序，是陕南汉水流域首次发现的典型佛教石窟寺。《陕西古代建筑》详细记录了洞窟风格。1988年第二次全国文物普查期间，在平利县洛河水坪村发现宋代寺庙遗址，遗址内

◎ 汉滨坝河佛释造像群

有琉璃脊饰砖瓦残块，石造像十余尊和大量舍利塔石构件，石构件雕刻莲花、凤鸟、白象图案。在汉滨区坝河镇石佛寺保存了为数不少的石造像，有佛释、菩萨、韦陀、罗汉等，中华人民共和国成立后，破"四旧"，石造像大多头部残佚，经多方努力，搜寻修复七尊对外展示。佛释螺髻，方面微颔，坦胸禅定，俯视众生，罗汉造像表情各异，神态微妙，或思或瞠，堪称这一时期不可多得的石刻艺术精品。安康市石泉县左溪有天池寺，废弃已久，废址上常见有唐代残砖断瓦出土，有明成化二十三年（1487）重修天池寺碑，据碑文载，宋绍熙年间（1190—1194）极盛，东至饶峰岭，西到桐溪沟，北至牛羊河下院观音寺，南到汉江，有水田三千多亩（2平方千米多），可见规模之大。碑阴刻有曹洞宗谱系图。天池寺毁于元代兵燹。明初大千禅师与檀越舍财布施重修。安康博物馆展示的明代石造像出自汉阴县漩涡镇玉佛寺，体型不大，造型多样，做工精细，面部表情丰富，尤其是善财童子和玉女造像，童趣天成，世俗民间之风扑面而来。以上列举，仅是安康发现的部分佛教遗迹遗存，主要分布在汉江以南巴山腹地，多是山大沟深，穷乡僻壤，交通相对不便，却为佛教传播营造了良好的环境，留存下来的这些佛教石刻艺术精品，对研究安康佛教宗派盛衰和佛教造像艺术有重要参考价值，为研究陕西宗教史开辟了一个新领域。

佛教在安康传播的社会基础深厚，众多的高僧大德成为导引者，怀让禅师就是著名一位。《明一统志》载，"新罗寺在州治西六里，有唐怀让禅师庵"。《宋高僧传》载，"释怀让，俗姓杜，金州安康人也，……宝历中敕谥大慧禅师，塔号最胜

轮"。怀让禅师是从安康走出来的禅宗高僧,怀让禅师(677—744),俗姓杜,金州安康(今汉阴)人,生于唐仪凤二年(677)四月八日。唐垂拱二年(686)到荆州玉泉寺,拜宏景禅师出家。万岁通天二年(697)受戒。为了能在佛法上获得更深的造诣,便前往河南嵩山一世祖达摩修行处,师从慧安学禅,深得慧安欣赏,遂推荐其南下韶州(今韶关)参拜禅宗六祖慧能学禅,并成为其高徒。慧能圆寂后,怀让于唐先天二年(713)往南岳般若观音台,弘扬慧能学说,开创禅宗南岳一系,世称"南岳怀让"。唐天宝三年(744)怀让禅师圆寂,朝廷追谥怀让为"大慧禅师",并修建了"最胜轮塔"。曾以砖磨镜点化马祖道一,使湖南衡山留下的磨镜台,名传天下。弟子马祖道一得其真传,形成临济宗和沩仰宗,有"临济宗临天下"之说,怀让被尊为南禅祖师,为后人追慕。金州遂成了佛教徒向往之地。

◎ 怀让禅师像

唐元和年间,姚合出任金州刺史,姚合的诗友,著名诗僧贾岛数次来金州,其从弟无可上人也尝卓锡金州城南草堂寺充住持,在金州期间,写了许多脍炙人口的诗,有《陪姚合游金州南池》《过杏溪寺寄姚合》《金州冬月陪太守游池》。无可,唐代诗僧,俗姓贾,名区,今河北涿州人,攻诗,多五言,与贾岛、周贺齐名,又称苦吟诗人。书法见长柳公权体。

北宋初,有徐州重二禅师住持西城宝寿寺,北宋至和三年(1056)圆寂。1992年,在安康城大北街发现重二禅师地宫,出土精美的舍利石棺一具,棺身为长方形,由基座、棺身、棺盖三部分组成。基座与棺身连为一体,

◎ 宋舍利石棺

下部饰覆莲瓣纹，雕刻栏板一周。棺身长方形，饰连串重环纹，棺盖中间镌刻"住持重二，住房僧从因，至和三年丙申岁次修塔道者自诩。施主刘保、春，行者赵。"两侧刻缠枝菊花。石棺内存放34颗舍利子。这种石质舍利棺目前国内所见不多，雕刻精美、纪年准确，为研究安康宋代民间佛教传播提供了难得的实物证据。同时出土的还有佛释石造像、铜镜和青瓷盝器。

安康境内多名山，结茅悟道胜于它方。道教自唐始传入安康，落地生根，信众宫观虽难与佛教丛林相比，但其传播踪迹、传说也遍布境内名山，东部接续武当，一路向西，将汉水之畔的天池、文武、凤凰山脉变成了道家仙山，吸引各地修道之人来此结茅。安康城南香溪洞，相传吕洞宾曾在此修行炼丹，有"古洞仙踪"相传，经明清断续扩建，成为安康规模较大的道教宫观和旅游胜景。安康城有东、西药王殿，相传东药王殿因唐末药王孙思邈采药金州南山而建，紫阳县擂鼓台祖师殿位于凤凰山主脉，是陕南著名的道教圣地和旅游风景区，终年云海茫茫，仙气氤氲。相传蜀汉大将张飞曾在此擂鼓练兵，震撼云霄，故称擂鼓台。祖师殿（又名玄天观）建于明天启六年（1626），数百年来香火绵延，被称为"小武当"。汉滨区鲤鱼山玄天宫，约建于宋代，山门内有大树及一水泉，终年不涸。由于此山远看像一面旗帜，故同天柱山、擂鼓台共称为"钟鼓旗山"。汉阴县铁瓦殿，原名"离尘寺"，位于凤凰山巅，地势高峻，俯瞰汉江、月河东流，海拔2128米。所有建筑用大型条石构建，顶覆铁瓦，终年风携云雨成仙境，名扬秦巴。北宋熙宁三年（1070），台州临海人张伯端（984—1082），辗转来到汉江南岸的仙

◎ 汉阴县铁瓦殿　　　　　　　　　◎ 天池寺石窟

人洞参玄悟道，著书立说，写下全真派南宗内丹学说《悟真篇》，被赐予"大慈圆通禅仙紫阳真人"，并成为道教全真南五祖之一，紫阳派祖师。明正德五年（1510）设紫阳县，县名以紫阳真人道号命名，这是全国唯一以道号命名的县城。后来，本地百姓便在其修炼地建紫阳仙人洞道观供奉张真人，香火延绵不绝。

　　道教圣地武当山对安康道教传播影响很大。明初，武当张三丰在香溪结庵修行。因临近武当山，众多武当山云游者传道安康，创建了许多道观，如道人吴道真创建天池山迎真观、道士李太和在汉滨区龙王山创建前后殿，道士冯道清在鲤鱼山创建玄天宫，道士叶道复在西药王殿之西创立元和观等等。总之，自明迄清，安康对武当真武神的崇祀，主要表现在修建宫观庵堂方面，并呈遍及城乡之势，各县无不建有真武祖师庙。汉滨区天柱山《创建祖师殿碑记》："玄天上帝即祖师之尊称也。祠于鄂之武当山，声灵赫濯，自古为昭。……则睹斯殿也，如睹武当也，即如睹武当之神也，不更为此山之一大观也，而天柱之名且将与武当并峙云。"

◎ 安康道教主要宫观分布图

六、移民家园

古代安康是一个重要的移民流入接纳地区。秦汉、南北朝、两宋、明清时期，为避战乱，大规模人口流向秦岭以南，给安康带来了人口红利和先进的生产技术，每一次移民浪潮过后都给安康带来了长时间的繁荣，安康社会经济发展离不开移民红利。如今的安康人，大都是移民的后代，而且多为明清时期迁到安康。明清时期的移民规模前所未有，对安康的开发发展和今日文化面貌的形成产生了重要而深远的影响。

元代时安康为金州，辖于兴元路，不为国家重视，十分荒凉。元末，红巾军进击汉水流域，兵燹浩劫之后，"积骸成丘，居民鲜少"。元至正二十七年（1367）统计，兴元路（包括今安康全部以及汉中市南郑、洋县、城固、西乡、褒城、凤县）在册人户2149户，人口总计仅19378人，人口如此之少，荒凉可见一斑。

明王朝建立后，为掌控人口，杜绝流民，对许多山区尤其是数省交界的山区加以封禁，秦巴山区是重点封禁区之一。朱元璋说："四川、陕西两界相接之地，自定天下以来，番汉顽民多潜遁山谷间，不供征徭，不惧法度。"因而采取封禁政策。经历战乱再加封禁，对金州的社会经济恢复产生了严重的负面影响。明初，金州只有编户四里，洵阳4里（2000米），汉阴2里（1000米）。里甲制度是明朝的基层组织形式，是每110户编为1里（500米），可见金州当时人户之少。随着明代社会逐渐稳定，经济发展，人口增长，紧随而至的土地兼并、繁重赋役，再加上灾荒，迫使越来越多的人逃亡，而秦巴山区资源丰富、地旷人稀，而且深山老林之中，政府控制力弱，也不用承担官府赋税和徭役。因此，虽然封禁严厉，仍然涌入了大量的流民，流民常常聚众起事，频频为乱。明英宗正统十年（1445），于谦奉命到金州、洵阳等县山沟中，抚谕潜居流民三千余户。明宪宗成化六年（1470），以李胡子为首的农民起义军震惊朝野，廷议提出应当增置府县，就地安置流民，让流民落籍为"编民"，以充实户口，解除忧患。迫于日趋严重的流民问题，成化十二年（1476），朝廷解除"山禁"，采取宽容政策安抚流民。此后，流民源源不断进入陕南金州等地，使人口不断得到充实。这些被朝廷招抚而落籍者是明代陕南移民的主体。但是，自发流移定居陕南金州等地的也不在少数，最多的是湖南、湖北、江西籍移民，山西、江浙及中原地区也

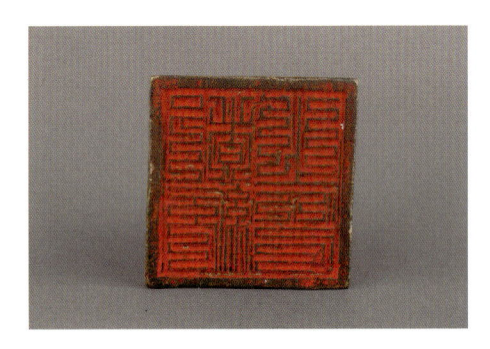

◎ 金都统之印

有迁入者。其中,湖北省麻城孝感、山西省大槐树、江西省吉安、抚州、豫章等地迁入最多,至今仍广泛流传着"山西洪洞大槐树""湖北麻城孝感乡"和"江西瓦屑坝"的祖籍源头。这些移民一般是个人或小家庭的流动,有些因从事商贸定居于此,有些是为官任满定居,有些是从军退伍安家或屯垦营田落户,即后来所谓的"老民"。

明末,连绵的自然灾害和动乱使兴安州(1583年改金州为兴安州)再次陷入空前大浩劫。农民起义军与明军在陕南的拉锯战使"汉沔间几无宁日",给社会经济造成了严重破坏,"流贼掠城""路绝人迹"的记载不绝于书。李自成、张献忠起义失败后,其余部转战陕南坚持抗清斗争。"三藩之乱"中,兴安州成为征战冲突之地,百姓大量死亡和逃

◎ 汉阴汪家祠堂

◎ 紫阳高桥廊桥

亡。"明万历四十六年（1618），汉阴县有户六百七十，口三千五百七十六"，清初汉阴县城"破颓者仅存十余间""土著无多，所存十之一、二"。明末，石泉县尚有10500户，43000人，到康熙二十一年（1682），仅存2100余人，原本人烟稀少的兴安州更成极度荒僻之地。清初，朝廷组织大规模的移民到川陕一带垦荒就食，即"湖广填四川"。顺治和康熙年间，朝廷颁布政令，采取各种优惠措施招徕流民开荒垦地，并采取强制措施推行，经过雍正、乾隆、嘉庆三朝，历经一百余年终使这一场涉及全国十几个省的大规模移民得以实现，在陕南开发史上留下了重要的篇章。

清代，安康经历了两次大移民。乾隆四十六年（1781），陕西巡抚毕沅《兴安州升府疏》称：兴安州"从前俱系荒山僻壤，土著无多。自乾隆三十七至三十八年以后，因川、楚间有歉收处所，穷民就食前来，旋即栖谷依岩，开垦度日，而河南、江西、安徽等处贫民，亦多携带家室，来此认地开荒，络绎不绝，是以近年户口骤增至数十余万"。雍正五年（1727），兴安州已垦地5100亩（3.4平方千米）。从明嘉靖二十七年至清乾隆三十七年（1548—1772），兴安府人口由24100人增为129583人，224年间仅增加105483人。嘉庆九年（1804），增为203579人，其中客籍4.9万人，32年即增加73996人。咸丰、同治年间，太平天国起义再一次引起社会大动荡，进而引起清代第二次大移民。这次以苏、皖、鄂地区为主体的大移民，给兴安府再次带来冲击。两次大移民，使兴安府各地得到了前所未有的开发，经济、文化、社会等各个方面快速发展。

明清移民给秦巴山区带来了空前的生机，鄂、湘、皖、浙、蜀等地的人在此繁衍生息，社会经济日渐复苏。玉米、红苕（红薯）两个外来物种引入，易种植、产量高，非常适宜在秦巴山地种植，历朝地方政府大力推广，浙江宁波人陈仅担任紫阳县令期间著有《劝民种苕备荒六十韵》《劝谕广种红苕晒丝备荒示》。玉米、红苕的大力推广种植，解决了历代制约这一地区经济社会发展的瓶颈——粮食问题，人们的活动范围由汉水谷地扩展到秦巴老林。

秦巴老林包括南山老林和巴山老林，主要包括陕西、四川、重庆、湖北四省市下辖的秦岭巴山地区。"盖由陕西之略阳、凤县迤逦而东经宝鸡、郿县、周至、洋县、宁陕、孝义、镇安、山阳、洵阳至湖北之郧西，中间高山深谷，千枝万派，统谓之南山老林。由陕西之宁强、褒城迤逦而东，经四川之南江、通江、巴州、太平、大宁、开县、奉节、巫山；陕西之紫阳、安康、平利至湖北竹山、竹溪、房县、兴山、保康，中间高山深谷，千山万壑，统谓之巴山老林"。清陕西总督卓秉恬在《川陕楚老林亟宜区处奏》中讲道："老林之中，其地辽阔，其所产铁矿、竹箭、木耳、石菌；其所宜包谷、荞豆、燕麦……徭粮极微。客民给地主钱数千，即可耕种数沟数岭。江、广、黔、楚、川、陕之无业者，侨寓其中以数百万计。"到了清代中叶陕南人口剧增至300余万。"依亲傍友，垦荒种地，架数椽栖身。岁薄不收则徙去，斯谓之棚民"。这是清代嘉庆年间卓秉恬对秦巴山区和移民生活的描述，数以百万计的棚民居住在高山深谷的秦巴老林之中，依靠垦荒种地，架椽栖身维持生活。

当时移民迁徙有几种情形，第一种是有人先去察看实情，若果然轻徭薄赋，便确定立足点，然后回乡搬取家眷；如果地广人稀，便返回故里呼亲引朋，成群迁入；第二种是先来者立定脚跟，再举家或举族迁来，如长沙府善化县吴氏来陕南时仅吴尚锡一人，靠佣工为生，后进入汉阴南山堰坪渐置田产，遂招徕故里吴氏四大房族人入陕，遂成为当地大族；第三种是萍踪浪迹，随缘而止，如紫阳县高桥夏氏祖先走至权河，将随身所携木碗丢失，叹息道："碗丢在此，就不走了吧。"夏氏遂定居于此，并将定居地命名为木碗沟。移民们流转迁徙十分艰苦，他们扶老携幼，千百为群，络

◎ 石泉造纸作坊

◎ 旬阳红军张家大院

绎不绝，不走大路，不住客店，夜晚在沿途的祠庙、崖屋或密林中住宿，就地取石、支锅、拾柴做饭，遇有老乡便寄住此地开垦，仅蔽风雨。借杂粮数石作种，数年有收，典当山地，方徙他处，所以统称为棚民。尽管如此，垦荒定居生活仍要比漂泊流浪理想，所以只要稍有生机，移民们不肯再各处奔波，绝大部分都通过互相帮助、支棚搭屋逐渐定居下来。

  乾隆年间，兴安州因"近年四川、湖广等省之人，陆续前来开垦荒田，久而益众，处处俱成村落"。他们伐木垦山，引水修田，树艺桑麻，培植茶园，以汉阴凤堰、岚皋花里为代表的成片梯田在秦巴山区蔓延开来。安康境内以白河张家、黄家，岚皋周氏，旬阳潘家、孙家，汉阴汪家，汉滨唐家，紫阳余家，石泉储家等为代表的徽派民居在这里逐次落成。社会经济的活跃助推汉江航运进入了黄金时期，山货特产外贸、瓷器洋货内销全系水运，码头会馆林立，商贾络绎不绝，湖北、江西、陕西、四川等地商贾，沿汉江及其支流码头小镇修建了很多行帮会馆，促进了兴安州的商贸繁荣。蜀河黄州会馆、泗王庙、石泉禹王宫、紫阳北五省等会馆存留至今，成为安康会馆文化遗产的活化石，在陕西独树一帜。自南宋"五百余年未辟之林荒，至有清而成衡宇相望，鸡犬相闻之乐土"。

  时至今日，安康仍留存着大量的移民生产生活遗迹，有些仍在发挥作用，比如梯田。梯田是秦巴山地开发的重要成果和见证，旱涝保收，为人口增长所需要的粮食提供了基本保障。第三次全国文物普查期间，安康境内考证登记了许多清代开垦的梯田，合计达十数万亩之多。汉阴凤江、堰坪梯田（亦称凤堰梯田），乾隆二十一年（1756），湖南长沙府善化县吴氏家族移居汉阴县漩涡镇后垦建，一直到咸同时期仍在大规模建设。凤堰梯田由凤江梯田和堰坪梯田两部分组成，连片共1.2万余亩（8平方千米），梯田依汉江北岸浅山丘陵修建，利用凤凰山溪自流灌溉。凤堰梯田是目前秦巴山区发现面积最大、保存最完整的清代梯田，被誉为湖广移民开发陕南的"活标本"和中国农耕文化的"活化石"，2012年成立凤堰古梯田生态博物馆，2014年被评为中国最美田园，2019年入选第八批全国重点文物保护单位。岚皋县官元镇古城村梯田，清代中后期修建，现存约3万平方米，梯田沿大河北部山坡东西向延伸约2千米，梯田利用北部山坡溪水自流灌溉，梯田垄坎和灌溉水系完整，如今村民仍在继续使用。清嘉庆二十二年（1817），江西省移民田合兴氏出私财在秦岭山脚宁陕县龙王乡扩修半山龙洞，然后盘山凿岩修成龙洞堰，引水浇灌龙洞湾方圆十几里田地。还有岚皋县南宫山桂花村花里梯田、平利县太平河、大贵儒林堡、洛河水坪、紫阳县擂鼓台山麓梯田等都是连片数里，阡陌纵横，村舍相望。这些梯田都是利用山

◎ 汉阴凤堰梯田

底落差，引水自流灌溉，解决渗漏，与自然生态环境完美结合，经百年依然可比美云南红河哈尼梯田。

秦巴老林自然环境恶劣，外来移民、族群迁徙，往往阖族而居，乡里为邻，守望相助，得以生存延续壮大。湖广移民研究专家陈良学搜集了大量家谱资料，在《明清川陕大移民》一书中列举了许多名门望族，如宋代范仲淹、王安石、黄庭坚等人后裔，也加入到了移民大军之中。他们数代经营而成为当地的望族大户，营造花屋大院，修筑坚壁高墙，炫耀和保护财富，显示出强大的经济实力。这些大院建筑营建在深山河谷坝地，风水环境优美，交通相对闭塞的地方，以江南徽派建筑风格为主，四合院结构，根据地形以大门为轴线，横向、纵向、两进、三进不等。四水归堂，内部有完善的排水系统，通风良好、排水通畅。外部有高大的封火墙形成闭合堡垒，防御功能非常完备。这种花屋大院在安康十县区都有分布。

白河县白石河上游分东、西支流，当地叫东坝河、西坝河，越界岭为湖北省竹山、竹溪，清代为黄、张两大家族占据。清乾隆十五年（1750），黄氏后裔黄存仁携眷从湖北英山迁至白河，黄氏家族占据卡子东坝河一带，按房分支在东坝河口、老爷湾、杨树林等地修建至少六处颇具规模的徽派大院建筑群和祠堂，砖砌"八"字门楼，大院石质门框、抱鼓、主窗雕刻精美，由江南水运而来。大院门额题刻"双井旧家""第沿江夏"，实力可见一斑。西坝河现存张家大院两处三栋。其中一处分上、下两院。与黄家大院一样延续江南徽派建筑风格，额题"家声丕振""树德务滋"，大门石柱楹联雕刻"两岸绿杨一湾芳草

◎ 白河黄家大院

即此是江陵胜概；庭前孝养门内书声何处访珂里名家"。大院由张盈晋及其子创建于乾嘉年间，张盈晋，字闻周，祖籍江西瑞昌，由武昌迁居湖北竹山，再迁白河。有启祯、启祥、启宗、启琪四子。盈晋父子惟勤惟俭，躬亲稼穑，苦积产业。不荣仕宦，不羡衣冠。长子授山西应州安东巡检。自此，张氏根源西坝，枝分白河，子嗣繁茂，瓜瓞绵绵，为白河的社会和谐做出了表率。

汉阴一带习惯外围直接修筑城墙，形成堡子，聚居防御完美结合，汉阴旋涡镇东河村的冯家堡子就是典型代表。冯家堡子是清代冯氏家族修建的一幢居住兼防御性建筑，面积约3000平方米，近正方形，由城墙和住所两部分组成，设门两处。堡内房屋沿东西轴线依次展开，达百余间，土木结构，悬山顶，合瓦覆顶，少了些雕饰奢华，显得低调务实。

习武自保，以靖地方，修建的建筑集居住、练武为一体的也不少见。道光、光绪两代武举人周守义、周成仲在岚皋县孟石岭镇创建周氏武学馆，两进四合院建筑，占地面积2000平方米。武学馆外有跑马道、练武场、武堂遗迹，馆内现存石斗、石锁等。另外还有白河县吴家，旬阳县张家、孙家、郭家、潘家，汉滨区袁家、石家，汉阴县汪家、石泉县储家、紫阳县余家等等大院，据不完全调查登记，今天保存下来的各式大院在安康各地有数百座之多，在陕西独树一帜，是研究湖广移民历史现存最佳的实物资料，成为乡村振兴的重要文化源泉。

明末李自成、张献忠起义，清代白莲教和太平天国起义严重袭扰秦巴老林，特别是白莲教啸聚山林，危害最大。时旬阳知县严如熤提倡坚壁清野，建寨自保，被清政府大力推广，在秦巴山区丛山峻岭之上修建起连绵石墙，高大寨堡。当时修建寨堡需要当地政府勘验备案许可，2008年在岚皋县横溪黑龙寨上发现《修建黑龙寨碑》，详细记述了修建寨堡申请许可、寨长推荐任命、寨门钥匙发放的过程。建寨以秦楚边界石墙最为著名，石墙主要沿陕西省白河县、旬阳县、平利县与湖北省竹溪县、竹山县交界的山岭修建，目前在白河县顺水、卡子、歌风、四新，以及旬阳县神河、赤岩、铜钱关断续存在，石墙就地取材，用块石、片石垒砌，逢关隘处则建女墙、雉堞、马道。凡有村舍之处，必修寨堡自保，安康境内尤为集中，有百余座之多。这些寨堡一般选择建在四周地势险要，山顶相对缓平的山顶，面积数千平方米至上万平方米。四周依山就势环建高大寨墙，沿山脊设寨门，有的四周有门，连环相套。寨墙块石垒砌，有的设女墙、箭垛、枪孔和狭小瓮城，寨内多建有居住房舍和祖师、关帝庙，各种防御、生活设施一应俱全。目前全部荒废在草莽深林之中。第二、三次全国文物普查期间，文博工作者披荆斩棘，对大部分寨堡进行了调查登记。寨名以青龙、黑龙、黄龙、得胜、

◎ 紫阳天宝寨　　　　　　　　　　　◎ 汉阴同福寨铁炮

全胜、万荣、万人、天宝、太平、同福等为主，部分存留石刻碑记，记述修建寨堡躲避白莲教匪患事。2009 年，汉阴涧池村民黄小兵在凤凰山上发现铁炮三门，为同福寨所铸，无偿捐献给博物馆收藏展示。这种山寨是清代地方政府与民间的重要军事防御方式，乡里自保互保，对保护当时人民生命财产安全，维护地方秩序发挥了巨大作用。

　　慎终追远是中华民族筚路蓝缕、生生不息的精神动力源泉。湖广移民花费巨资为祖先营造墓地，蔚然成风，极尽奢华，陕南墓碑楼就是这种奢华的写照。陕南墓碑楼源流于川渝地区，在商洛、安康、汉中的移民集中地区分布，当地土著或来自北方的移民不崇尚这种习俗。巴山地区最为华美精致，以安康为例，在紫阳、平利、岚皋、白河、旬阳、汉滨、汉阴等地发现最多，当地俗称"花坟"。墓地选择非常讲究风水，后靠前照，山环水绕，钟灵毓秀。墓前立有碑楼，仿牌楼结构，由石质构建榫接而成。以面阔一间、三间为主，五开间也较常见，面阔七间不多。柱间镶嵌墓碑，记载墓主名讳、生平、生卒年月及子孙事。内容多数涉及墓主迁徙经历。碑楼庑殿顶，重檐、三重檐最为常见，高 2～4 米。抱鼓、楼额等雕刻精美图案，多以龙凤、狮子、蝙蝠、喜鹊、鹿、仙鹤、梅花、松竹呈祥、神仙故事等为题材，寓意子孙祥瑞、五福临门、喜上眉梢、仙鹤延年、瓜瓞绵绵。方柱雕刻讴墓赞美对联，楼额多题"万古佳城""垂裕后昆""俎豆千秋""永垂不朽"等。结构复杂的碑楼使用高、浅浮雕、圆雕、减底线刻、镂透等多种雕刻手法，工艺精湛，是非常难得的石刻艺术精品。营造这些碑楼需要花费大量钱财，也需要崇尚孝道礼教的社会环境，表明经过数代移民的努力，为厚葬之俗的风行积累了深厚的经济和人文土壤。这种葬俗一直延续到今天。

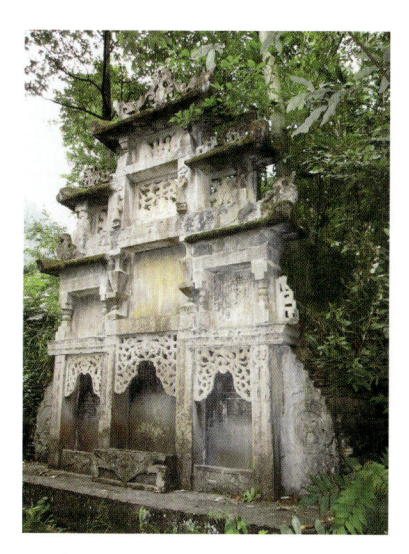

◎ 紫阳高桥墓碑楼

　　伴随着社会经济的快速发展，以文化人，以礼教育人逐渐成为当地人们的共识。安康尊师、重教、尚学的历史悠久，早在元至正元年（1341），知州唐天骥就创建文庙，置办儒学，开安康官办学校教育先河。安康文庙原址位于老城古楼街，历朝多有利用、修葺，后因水患塌毁，清康熙四十五年（1706）迁往新城东井街，现仅存大成殿，面阔五间，占地463平方米。是目前陕西省保存完好的具有元代风格特征的最大单体建筑。2008年，安康市政府投资修缮了大成殿，修建了东西厢房、戟门和月台等建筑，复原了殿内祭祀配制，举办了相关展览并对外免费开放，赋予其新的用途与使命。

　　"耕读传家久，诗书继世长"，文化是最深厚最具影响的力量，书院教育是培植这种力量和自信的文化传播方式之一，举办这种集教育、学术、藏书为一体的书院，对地方人才培养、文化传播、学术繁荣以及移风易俗

◎ 安康文庙

等具有积极推动引领作用。明清时期，安康各地书院很多，明代汉阴县建仰山书院，开书院建设之风尚。清代，兴安府兴文重教之风大盛，先后建成12所书院。文峰书院，乾隆十五年（1750）建于兴安州，嘉庆十二年（1807）增修后改名为关南书院；岭南书院，光绪二十七年（1901）建于恒口；敷文书院，乾隆十六年（1751）建于旬阳县城北门内；锦屏书院，乾隆十七年（1752）建于平利县城东；仙峰书院，乾隆四十五年（1780）建于紫阳县，道光二年（1822）改修后更名东来书院；银屏书院，乾隆四十七年（1782）创办于石泉县治所东侧；天池书院，乾隆四十九年（1784）建于白河县；太乙书院，乾隆五十三年（1788）建于宁陕县；育英书院，嘉庆八年（1803）建于汉阴县；岚河书院，道光十年（1830）

创建于岚皋县城内北街，后毁于兵燹，同治四年（1865）通判高箕承补复旧式并更名为烛峰书院；三山书院，光绪三年（1877）建于镇坪县城西塘垮城隍庙文昌宫魁星楼；清末，宁陕县建起了洵江书院。

这些书院大都建在山清水秀、风景绮丽的地方，取山水之灵气，因地而名，营造一种悠然适意的读书环境。书院办学经费的来源主要有学田租金、官府拨置、私人捐赠等方式。书院的教师，多从科举落榜的庠生、辞官归里的隐士和不愿出仕的秀才、举人中邀聘。入书院就读者一部分是为应乡试考取举人的秀才，"寄课"书院，每月进行两次"文生月课"，类似进修或函授；另一部分是县试合格的童生，准备进府应考秀才，常年在书院学习。书院的课程和教学简约灵活，师生有较多的主动性和自由度。书院常邀请一些名流学者讲学，传讲自己的学术心得和成果，同时答疑解惑。兴安学者纷纷受邀担纲书院主讲，培养出一批进士、举人。兴安府董诏（1732—1810），乾隆三十九年（1774）举人，曾应叶健庵太守之邀任关南（文峰）书院主讲，兴安名人王玉澍、马二南、谢玉珩、张鹏飞等皆出其门下。汉阴县人茹金，道光二十六年（1846）中进士，在育英书院执教时，外地不少学生长途跋涉，慕名求教。旬阳县人郭炎昌，同治十二年（1873）拔贡，授候补直隶州州判，主讲敷文书院十五年，继设教于甘溪，门生遍旬阳。兴安府张鹏飞（1783—1857），著名教育家，一生致力家乡教育。举办兴贤学社，创办"来鹿堂"刊刻多种书籍，倡修关南书院、兴贤塔，恢复魁星楼，抢修水毁考院，向书院捐赠书籍六百余种。进士武廷珍、管芳、雷钟德、举人吴敦品、李芬等人均为其受业弟子。

"家是最小国，国是千万家"，家风是一个家族代代相传沿袭下来的家族文化。好家风是中华民族的传统美德，社会和谐的基础，是家族传承、民族发展的灵魂。通过家族力量追根寻祖，谱系家牒，制定家规，兴办私学，形成良好家风，让家族树大根深、枝繁叶茂，维系乡村社会稳定。安康有成就的移民家族很多，陈良学在《明清川陕大移民》一书中多所列举，在《秦巴山区客家族群分布及成因》一文做了详细分析解读。一批批饱学经世之才走出安康，名扬寰宇，离不开良好家风家规的启智训导。其中沈氏、黄氏、杜氏、谢氏家训家规入选中央纪委国家监委网站。

◎ 水车灌溉

　　汉阴沈氏家族，明天顺五年（1461）迁入汉阴县，至今已有500余年历史，子孙21代人，现有人口约3万人。汉阴沈氏先辈艰苦创业，家族枝繁叶茂，兴旺发达，人才辈出。清乾隆五十四年（1789），八世祖沈祖烈主持倡导，合族众议定立《沈氏家训》，共计20条1933字，"祭祀不可不殷也；侍亲不可不孝也；天显不可不念也；身者不可不修也；持家不可不勤俭也；尊卑不可不辩也；择师不可不慎也；教子不可不严也；养女不可不训也；择配不可不谨也；交游不可不审也；志节贵乎坚贞也；志行不可刻薄也；邻里不可不和也；输粮不可不先也；穷难不可不周也；出仕不可不清也；忍耐不可不讲也；奢华游惰当惩也；赌博不可不戒也。"在孝悌、亲情、修身、齐家、睦邻、教子、嫁娶、德行、为官等方面作了规范和要求。

　　清乾隆四十六年（1781），岚皋杜氏始祖杜有识带领族人迁至岚皋，通过200多年的辛勤劳作，繁衍生息，成为当地望族。清道光三十年（1850），杜氏先祖聚集乡亲，立禁赌条规十款，乡规民约十三款。清同治七年（1868），制订《阖族公议齐家条规十则》，作为岚皋杜氏族人修身齐家的准则。

◎ 岚皋双丰桥禁赌碑

白河黄氏原籍洪州分宁（今江西修水）双井乡，为北宋著名文学家、书法家黄庭坚的后裔。清乾隆十五年（1750），黄氏家族黄存仁携眷从湖北英山迁至白河，历经200余年，发展成为1万余人的大家族。嘉庆元年（1796）制定家训24条。光绪八年（1882），白河黄氏族人对家训进行修订，形成《黄氏家规》20条。"展祠墓，敦孝悌，谨夫妇，和兄弟，择交游，肃闺门，睦宗族，厚姻里，正名分，行大礼，豫蒙养，务职业，崇勤俭，供赋役，慎安厝，蓄树木，严守望，息争讼，禁邪巫，戒溺女。"

安康谢氏与福建龙岩"宝树堂"谢氏同出一脉，乾隆十五年（1750），从福建省武平县上坪村迁至安康，谢元敬设安康"宝树堂"谢氏宗祠，修撰族谱，制订族规，创办私塾。从清道光元年至光绪二十一年（1820—1895），75年间，谢氏曾先后出了谢玉珩、谢裕楷、谢馨3位进士，7位举人，为官者有3位知府、9位县令。谢氏族人始终以"凡为官者，荣亲易，不辱亲难"为警醒，使谢氏后辈出仕为官者多以清白廉能得到百姓称颂。另外，还有白河钱氏、张氏、汉阴吴氏、沈氏等都有制定家训族规，在这些良好的家训族规熏陶下，安康走出了钱甲、钱鼎、黄统、沈启贤等一批革命志士，也孕育出了中国近现代著名国学大师沈士远、沈兼士、沈尹默一门三杰，荣耀陕西。

◎ 汉阴三沈纪念馆

七、陕南都会

安康筑城历史可以追溯至春秋时期，即前文所述西城。北周天和四年（569），北周将治所迁于汉水南岸，此后一直延续到清。明代以前，安康城因洪水或战争无数次毁建，早已难觅踪迹。明太祖洪武四年（1371），指挥使李琛在金州修筑砖城，"东西长一里二百五十三步，南北三百一步，周六里二十八步，高一丈七尺"，包括城堤、城墙、城楼、护城河等一系列军事防御设施、行政设施和居民生活设施等，城门有五个：东朝阳、南安康、西宁远、北通津、临川门，并在东、西、南凿池，阔五尺，深九尺，每个池上修有桥。这座城范围很小，大致包括今天东西向的东大街至安悦街和南北向的小北街至鼓楼街。明宪宗成化年间，"汉中府推官赵清重修金州城，高二丈，池深一丈，门构一楼，朝阳、镇远、丹凤、拱辰、抚江五门"。城墙增高，护城河挖深，防护能力增强。明神宗万历十一年（1583）大水破城，城内居民溺死无数，庐舍荡然无存，关南守道刘致中另筑新城于城南大约二里的赵台山下，并增高长春（今东堤）、万春（今西堤）二堤，迁衙署、仓廒于新城，而市肆民居仍在旧城，此年金州更名为兴安州。

清顺治三年（1646），李自成、刘二虎围新城，二月屠城，将城隍庙夷为平地。由于新城毁坏严重，顺治四年（1647）迁回旧城，"知州杨宗震复修旧城，总兵任珍建议截西城之半，将西门移筑于萧家巷口，城门为东仁寿、南向明、西康阜、北仍通津"。城池较明初大为缩小。

◎ 安康老城门

秦风楚韵 多元荟萃——安康博物馆

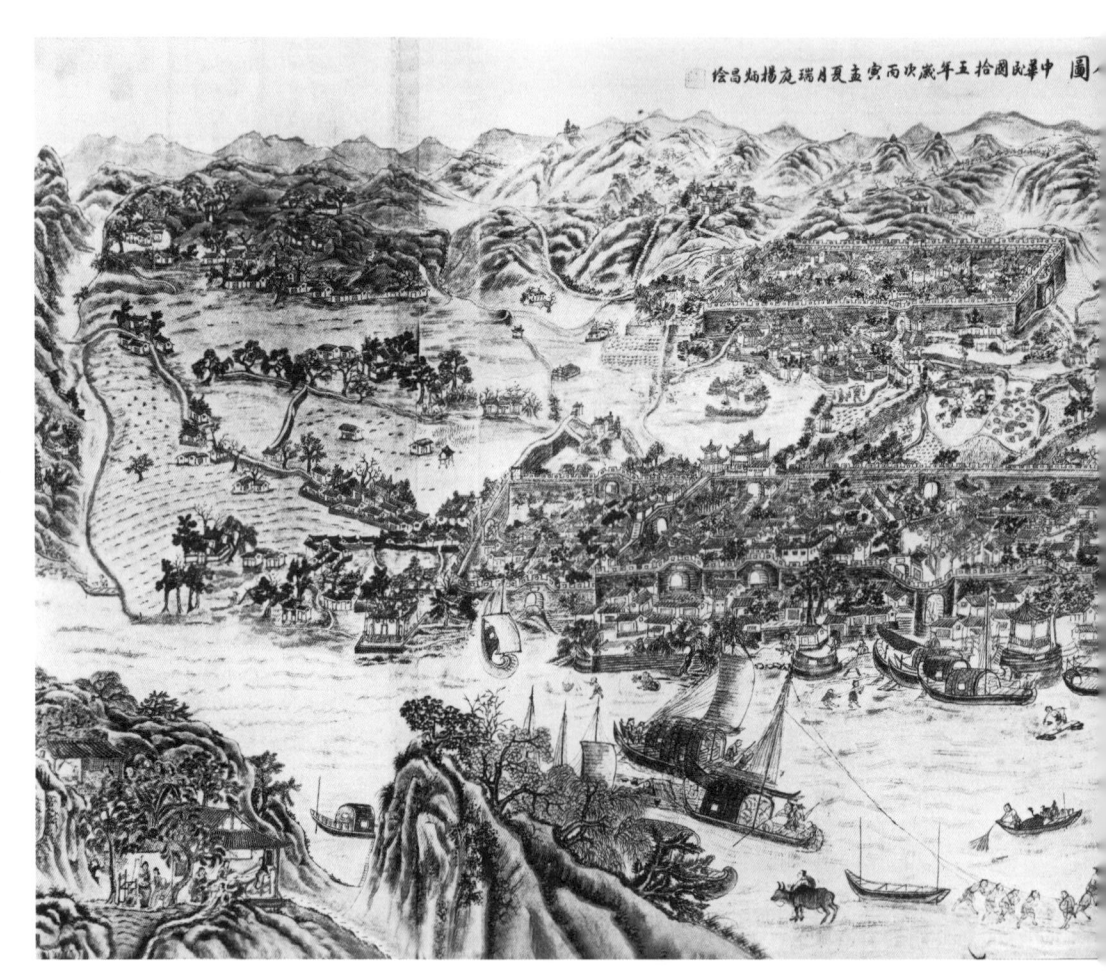

◎ 民国金州八景图

康熙年间，"开小北门，六年总兵俞明简及章重修垛口、敌台"。康熙二十四年（1685），总兵程福亮、知州李翔凤修筑历年坍塌城垣，并重修南门、门楼一面。这种修筑只是在旧城原先的规模上小修小补。康熙三十二年（1693）和康熙四十五（1706）大水，使旧城两度坍塌，于是在旧城南赵台山下又重新修筑新城，将文庙、镇署四营及常平仓皆迁到新城内。但是，所筑新城除了兴安总镇城守官兵外，居民寥寥，官厮、衙署、居民、商贾等都在旧城。乾隆四十七年（1782），兴安州升府，在旧城建府县行政机构，新城内仍为军事建置中心。嘉庆二年（1797），旧城开始向东、向西扩建，使城池的规模不仅恢复到明初的大小，并有所扩大，其规模大致是东至今天的朝阳门，西至大桥路，北至大北街，南至大南街，规模大为扩展。嘉庆十三年（1808），知县王森文请帑补修旧城，补修后南北一千零三十六丈六尺，东西二百五十七丈，周七里一分八厘。同时对新城也进行了修复，修复后南北三百二十九丈七尺，东西三百六十三丈七尺，周三里七分。这次的修筑基本上奠定了城池的形制，此后虽增补和修筑不断，但没有太大的变化，使两城形制稳定，新旧二城一起沿用至今。

　　明代时，旧城内的主要街道如通津街、宝丰街、安康街、育贤街等呈"十"字形布局，且有城门与之相通。康熙年间，旧城的街道有承宣街、朝阳街、安康街、崇道街等至少12条街巷。清代中后期，街道基本上是呈网状分布的，北面为行政中心，东南面为文化中心，居民和其他设施杂居其中。城内街巷的名称各有讲究，有以地理方位命名的，如朝阳街、通津街等；有以建筑物命名的，如鼓楼街、火神庙巷等；有以姓氏命名的，如田家巷、姚家巷等。新城由于地势较高，城内军事设施较多，四条主要干道东正街、西正街、南正街、北正街将城内划分为四块，军事设施主要分布在东南面地势较高的地方，南面则是文教集中之地。

　　汉水不负巴蜀荆楚通津之谓，安康则得舟楫之便，有"运不完的兴安州，填不满的水码头"之说。清初期，兴安州有集市8个，清中叶为18个，清末为82个。清代中晚期，兴安城商业兴盛，商号云集，其"城外为水路通衢，舟骑络绎；城里商贾幅辏，百货云屯"，兴安府成为秦巴山区航运商贸中心，陕南一大都会。

◎ 民国时期安康码头

　　兴安府是当时陕南、鄂西货物集散中心，输入日用百货，输出山货土特产，如紫阳茶叶、汉阴生丝、平利生漆以及府属南北二山所产的苎麻、木耳、杜倍、桐油、药材等。各路客商云集府城，各地会馆林立，有山西馆、陕西馆、黄州馆、武昌馆、江西馆、四郎庙等，皆高达宏敞，悉金装雕饰，可见商旅之多，贸易之盛。城中除了本地经营山货百杂的户铺外，湖北、四川、河南、江西等地富商大贾兴办起专门经营山货的茶行、丝行、油行、药材行等大字号，仅药店就有数十余家。这些商号既是坐贾，亦是行商，很多大字号在汉江及月河沿线的县城和集镇亦设立分号或开办店铺。

城市因商贸而繁华。府城外汉江边上形成了数里长的河街，"水西门"以上为上河街，"小北门"以下为下河街，两门之间则为中河街。河街南紧靠城堤，街北紧临汉水，河边大木桩支撑的吊角楼，凹凸交错集中在中河街一带，河街上店铺众多。沿河西起"王公台"，东至"四王庙"，大小江舟泊岸卧波，每日多达两千余艘，码头大量货物屯集，出货回货频繁。从事航运业的大小商号遍布城区内外，以船夫为首的依靠汉水讨生活的各行各业聚集于此，河街之上建有"火星殿""泗王庙"为工人祭祀、集会之所。为航运业服务而专门制作"千担"（纤绳）的篾匠及修船与造船的水木匠比比皆是。每至夜晚，明月高悬，无数江舟灯火如星，江波闪烁曲折摇曳，宛若银蛇滑动，形成古金州八景之"汉水晴波""长滩渔火"。

◎ 安康老城街道

安康城四围的城门关闭后，河街便又成了"不夜城"，各种饭馆、酒馆、茶馆热闹异常，跑堂声、唱曲声、说书声以及猜拳行令声汇入夜市人流，一派繁荣景象。

城内外的街巷也热闹异常。西关石堤街处于城外，店铺林立，有猪鬃加工厂、伞铺、点心铺、酱园、瓷器店、杂货铺子、粮店、药铺等，还有大栈房、凉面店、糊辣汤店、蒸面店等，应有尽有。街上建有火官庙，每年农历六月二十三的孟夏之月为火官庙的致祭之期，逛庙上香者络绎不绝，商贩借机赴会贩买商品，叫卖声、哟喝声此起彼伏，非常热闹。西大街原称为"宁远街"，后又被称为"康阜街"。街中有陕西、湖南两地会馆，有名医坐堂的"赖恒泰"药铺，"奂轮堂"商号和"义泰仁"杂货铺，还有茶楼和点心店等，可谓物阜民康之地。居于此街之中的地方贤达、名士最多，如民国时期的张紫樵、谢俊谦、牛锡珍等。

南马道和北马道是专供运输货物的车马以及驿站的走递马所行之道。以安悦街为中心，与城南隅五星街相通的为南马道；与城北隅龙窝街相通的为北马道。将此两条街巷设为马行之"专线"，是出于交通管理的需要。因为，大北街、小北街、东大街和安悦街是当时最主要的"商业大街"，只有让车马、走递马从南、北马道进出城区，才能最大限度地维护交通秩序。南、北马道与安悦街交汇的十字路口，民间称为"马道口"，是当时"夜市"所在地，每至夜幕降临，叫卖声此起彼伏，引人欣然解囊。如今"金银巷"的正确叫法是"金盈巷"，因其间曾有"金盈仓"而得名。金银巷的北端，旧有清嘉庆二年（1797）开启的一处城门——"安澜门"，巷内有法国传教士所建的"天主教堂"，还有旧时"中国银行"和为数不多的商号，最有名的当数"天锡公"和"燮

◎ 安康城内教堂

昌永"。临川门内则又是另一处热闹之地，街道上铺面林立，药店、当铺、粮店、饭店以及酒馆、茶馆、客栈和金银铺，汉调二黄、秦郊社火、小场子、皮影表演等让人目不暇接。

此时，城内外寺庙道观逐渐兴盛，坛庙林立，新旧两城的关帝庙就有7个之多。寺庙的地方特色浓厚，政府建立的寺观坛庙不是很多，如社稷坛、厉坛、风云雷雨山川坛等。官府也进行祭拜活动的寺观，如城隍庙、文昌宫、昭忠祠、忠义祠等。民间祭拜的相对较多，如关帝庙、火神庙、四王庙、药王殿、雷神殿、鲁班庙等，以祈求平安、风调雨顺、兴旺发达等，还有清真寺和天主教堂等。各类文化教育机构也逐渐发展起来，比较齐全，如府学安康文庙，文峰书院（关南书院）、社学、书院、义学等。

◎ 尤约翰家人

20世纪初至40年代末，在安康传教的西方基督教传教士，用影像记录了民国时期的安康，这部《1947年安康》是中国第一部彩色纪录片，由挪威卡尔·莫特森先生拍摄，呈现了一幅完整的民国时期安康世俗生活画卷，真实地记录了当时安康的民风、民俗和山水风貌。

2014年，当年挪威传教士尤汉森的后人尤约翰先生将所珍藏的"古金州八景图"和《1947年安康》彩色影像片拷贝捐赠给安康博物馆收藏展示。尤约翰先生，挪威人，说一口纯正的安康方言，两岁时，小尤约翰随传教的父母到达安康，在这里度过了十年快乐的时光。如今，尤约翰先生仍穿梭于中挪之间，延续着他和安康的深厚感情，传递着中挪两国相隔万里的友好情谊。

八、水陆通衢

安康自古为秦、楚、川、渝间重镇，水陆通衢，沟通南北，连接东西，形成了著名的子午道、汉江水道、镇坪盐道、茶马古道。

子午道是古代翻越秦岭，沟通关中平原与汉水谷地的重要道路。根据零星的历史记载推测，子午道早在春秋战国时已经存在了，秦、楚间征战交往就是循着这条道路展开。刘邦任汉王时经过这里，还将沿途栈道烧掉不少，让项羽放心，也防止了诸侯从后面袭击。能通行大军，沿途还有栈道，这时子午道已颇具规模。秦汉时期，子午道成为汉中郡与中央政权联系的主要通道。西汉平帝元始五年（5），王莽下令修凿拓展此道，因西城、长安两地南北同处在子午线上，取名子午道，这条沟通秦岭南北的重要通道有了正式名字。此后以关中、南方为根据地的南北割据政权之间的攻伐就常常在这里发生。三国魏曹爽、钟会先后伐蜀，南北朝西魏王雄攻魏兴、陆腾镇压黄众宝，贺若敦平直州乐炽、洋州田越、金州黄国等叛乱，东晋桓温、刘裕北伐，唐宋以后大的军事行动，或多或少都与子午道有关联。承平之时，通商贾、便行旅是子午道的主要使命。"长安回望绣成堆，山顶千门次第开。

◎ 宁陕子午道队栈桥遗址

◎ 宁陕菜籽坪道路遗址

一骑红尘妃子笑,无人知是荔枝来",杨贵妃喜食荔枝,唐玄宗专门命人从涪陵经子午道运到长安,此时子午道恒通不废,商旅通途。此后,伴随汉水上游政治经济中心变迁,人们对秦岭地理环境探寻的不断深入,根据所往之地,围绕子午道又开辟了许多路线,一直延续到明清时期,促进了秦巴山区的开发和繁荣。

秦汉时期,子午道线路走向基本恒定。北段大致从长安出发,入子午峪,越土地岭至沣河河谷,经石羊关、喂子坪翻越秦岭到大坪。秦岭以南,从大坪到衙门口,过小岭至沙沟,沿旬河至江口,越月河梁到月河坪,溯腰竹沟至平河梁,过东腰岭关,沿池河(古代又名直水),一路南下与汉水谷地已经存在的汉水道路相连,行旅东到安康荆襄,西去南郑巴蜀,各取自便。东汉时汉中郡郡治西移南郑,216年,汉中、安康分置,子午道翻越月河梁之后出现新的分支,从平河梁西腰岭关到宁陕五郎关,接西乡子午镇到汉中,汉中往来长安更加便捷,安康行走原有线路。于是演绎成了干路、湿路、新路、旧路之说。长久以来,子午道沿途留下了许多道路遗存和人文遗迹,显露于崖畔水边,隐藏于荒径地下。第三次全国文物普查时,先后在宁陕县、石泉县古道沿线发现了许多各个时期的历史遗存,尤其是秦汉时期驿站聚落遗址的发现,为子午道数百年间的沿革通行管理研究提供了新的资料。

新城遗址,位于宁陕县江口镇新城村,冷水河、旬河交汇的东岸阶地缓坡地带,面积大约3万平方米,现存清代城堡夯土残垣一周,从地表堆集和夯土残垣可以见到各时期器物残片，战国秦汉时期绳纹板瓦残块较为丰富。这里居子午道秦岭至月河梁之间，正道南攀月河梁，支线沿旬河东南去镇安、旬阳。地理位置十分重要，依山傍水，地形开阔，是唯一适合长期据守的佳址，也是子午道翻越秦岭后发现的第一个有文化遗存的早期聚落遗址。残垣断壁中的历史信息明确指向这里或为军事防御，道路畅通，保京畿平安，或为村舍驿站，邮传置命，便南北行旅。

◎ 宁陕新城遗址

月河坪遗址，位于宁陕县旬阳坝月河坪村月河与腰竹沟交汇西侧山嘴边，面积不到 100 平方米。西北由七里沟越月河梁，西南可至旬阳坝到平河梁西腰岭关，东北接旬河，南上东腰岭关。2013 年子午道专题调查发现，历年村民在此挖掘出土秦汉至明清时货币、金饼、箭簇等物，应该引起子午道研究探寻者的关注。

子午道在石泉县池河镇谭家湾走出了秦岭深山腹地，进入了汉水谷地。谭家湾，又称汉王坪，位于石泉县池河镇北部，地形以缓坡丘陵、池河坝地为主，地势开阔、水流平缓。1984 年，当地村民谭福全在池河淘金时发现鎏金铜蚕一枚，现藏于陕西历史博物馆。20 世纪 80 年代末，第二次全国文物普查时认定此处是秦、汉、魏晋南北朝时期的大型聚落遗址。河边土坎到处可见绳纹板瓦、筒瓦、陶器残片堆集，农民历年耕种时挖出了青铜器和半两五铢钱币等。2008 年，第三次全国文物普查时，又在谭家湾以北

◎ 汉代鎏金铜蚕

发现了万家包等两处遗址，符合古道驿站设置特点，被认为是子午道上重要的驿站遗址，引起媒体和学术界高度关注。池河，历史上称为直水，南北朝时期设置金城、直州、东梁州等，对这里进行管理，行政衙署就在谭家湾这里。2015年习近平总书记在"一带一路"高峰论坛上讲道："古丝绸之路打开了各国友好交往的新窗口，千年'鎏金铜蚕'见证了这段历史"。谭福全、谭家湾、子午道、石泉、安康这些名字，成为搜索引擎上的热词。

汉江水道通航运历史久远，是陕南地区通往外界的最为便捷的交通要道。汉江干流航道在安康境内340千米，与任河、岚河、月河、坝河、旬河、蜀河等主要支流构成四通八达的航运体系。明清以前，汉江水运商业运输比较落后，主要是由官方主办的军运和漕运，因此在军事和稳定政权方面发挥了非常重要的作用。春秋战国时期，诸侯纷争，"汉中之甲，乘舟出于巴，乘夏水而下汉，四日而至五渚"，已经开始使用船运士兵相互攻伐下游，在秦国灭楚

◎ 民国汉江航运

统一六国中发挥了重要作用。西汉武帝时，曾试图开通由汉江逆流而上，翻越秦岭的漕运，运送江南粮米，终因工程艰巨未成。安史之乱时，黄河漕运阻断，江南贡赋由汉江漕运蜀河，转陆运到关中，供应京师，为平定

安史之乱作出重要贡献。宋金、蒙金战争时期，汉水军事战略地位凸显，军需运输繁忙，行旅往来、大宗货物、战马东运全赖于此。战乱过后，汉江上游地区荒凉闭塞，汉江航运也归于平静。

明清以后，汉江水运经历了萧条繁荣反复之后，商业地位凸显出来。明初实行荆襄禁山政策，汉江航运一度受阻，明中后期，汉江航行畅通无阻。崇祯年间，安康遭灾，安康人李登科"自楚贩米归，倾舟散之"。春夏汛期，长江通航阻隔之时，汉江水运又肩负向川渝转运物资的重任，成为沟通我国东西联系的一条重要运输通道。《天下路程图引》载有："往四川货物，秋冬由荆州雇船装货，各府去卖，春夏防川河水大难行，由樊城雇小船，至沔县起旱，雇骡脚，一百二十里驮至阳平关下船，转装往各府去卖。"这种短暂的繁荣被战乱打破。明清之际，汉水中上游地区频遭兵灾战乱，人口骤减，土地荒芜，商贾止步。"所产竹木，不能成筏下流；所受粟米，不能登舟出运。内既不出，外亦不入，所谓独坐穷山，食用一尽"。汉江水运事业受到重大挫折，汉江水运事业再次繁荣则是清乾隆以后的事了。

◎ 汉江船舶

清初，清政府对陕南地区实行移民垦殖政策，鼓励江南楚、皖、赣、川等省流民向陕南、鄂西移垦，数以百万计流民涌入该地区。"自乾隆三十七八年以后，因川楚间有歉收处所，穷民就食前来，旋即栖谷依岩，开垦度日。而河南、江西、安徽等处贫民，亦多携带家室，来此认地开荒，络绎不绝"。陕南人口急剧增加，至道光初年，陕南人口由康熙初的49万骤增至384万，人口密度达每平方千米54.7人。移民带来了先进的生产技术和开放的思想意识，改变了当地土著人的生产方式和生活习惯，开始进行种养殖、开矿办厂等商品生产。"山内营生之计，开荒之外，有铁厂、木厂、耳厂、纸厂各项。一厂多者恒数百人，少者亦数十人""十年来，山农种谷者皆改艺麻、漆、木耳、烟叶、大蓝等物""沃土肥田尽植烟苗"。商品经济十分活跃，嘉庆时汉中知府严如熤在《纸厂咏》中就描述了当时的繁盛景象，"驮负秦陇道，船运郧襄市，华阳大小巴，厂屋簇峰垒。"商品生产吸引各地商贾纷至沓来，沿江形成了安康、白河、蜀河、旬阳、紫阳、瓦房店、汉王城等物资集散地和商贸中心，"川、楚、陕、豫、赣、晋各商，列肆于此，懋迁有无"。大量手工工厂产品和山货土产囤积于此，需要依靠水运行销山外，同时大量棉花、花布等生活日用品也凭水运至此。

◎ 满载货船

严如熤《乡兵行》诗云："昨到兴安城，粮船如鱼鳞。"《秦疆治略》记载：兴安府"城外水陆通衢，舟骑络绎，城内商肆辐辏，百货云屯"。据《陕西航运志》，1903至1905年，白河港每年运出桐油300余万斤，生漆30余万斤，茶叶10万余斤，木耳100万余斤，生丝最高2万余斤，输入大布2万余卷，中布最多5万余卷，还有每年进口的洋布2万余板，洋油（煤油）和洋火（火柴）数千箱、各种瓷器2万余子（每40枚为一子），税收5万大洋左右。这种商业繁荣一直延续到民国时期，安康迅速成长为秦巴山区航运商贸中心，成为全国四大农贸集散地之一。

汉江中上游航道复杂，滩多水浅暗礁险。汉江中上游河道"自均州以上至洋县，皆石滩。洋县以上、均县以下，则沙滩矣。"这成为汉江航运的主要障碍。"汉江自汉中下至郧郡，其中急湍似箭，列石如矛，舟行者岌岌"。客货船只过险滩时，要盘滩放吊。下滩时，要将船头掉转，由纤夫挽住慢慢下放；上滩时则将货物卸下，由骡马或脚夫进行转运，客人则需要跑滩。船只倾覆沉没，货物漂流的事还是不断发生。围绕汉江航运衍生出了船运、客货经纪、水手、纤夫、脚夫等一大批人，良莠不齐，有些会人为制造事端。私搭外货、偷货撞船、饮酒赌博、脚夫刁索、匪人估讹等时有发生，严重地制约了汉江航运的发展，商旅止步，影响到了行业的生存和国税的征收。"不惟行旅阻滞，与国课厘税均大有关碍"。为了敉（mǐ）平争讼，减少海事，当地政府参入主导管理汉江航运事。首先是疏浚航道。早在明代，兴安知州郑福就开始了汉江航道疏浚工作。郑公祠碑载："汉江神滩，怪石排巨浪，中如笋，舟人病焉，公别疏河洪，棹安如流"。乾隆四十五年（1780），"属汉阳坪地者曰石梁，怪石砑……舟行苦矣……鸠匠削凿并修砌滩隈石蹬，颠坠沉溺之患于兹免矣"。其次是打击匪盗。乾隆以降，历朝采取了在水上设置巡检员、巡役、创设炮船等措施打击水上匪盗，保护航运安全。"咸同军兴，兴安置备炮船二十四艘，为御敌之用。军务平后，留四艘游弋汉江，缉拿盗匪"。光绪二十四年（1898），陕安兵备道高赓恩"又以黄金峡为盗窟，创设炮船四艘，以卫商船，兴汉两属商贾，尤利赖之"。最后是规范管理。鼓励航运从业者建立行业协会——船帮，进行行业自律自管。各地码头建有泗王庙，即船帮会馆，供奉船工祖师杨四爷，取名"杨泗庙"，船主、船工常在此议事聚会休息，制订行业规约，建立了航运管理长效机制，约束规范客商、船户、代工、水手、脚夫、纤夫等行为。目前汉江保存有道光十三年（1833）紫阳县令黄克勤立的《紫阳县正堂告示碑》，道光二十二年（1842）紫阳县令立下《严禁匪徒抢取客货以便商旅碑》，

◎《禁尸家讹索船户碑》

咸丰二年（1852）紫阳县令又立下《杜争端而安商旅碑》，咸丰二年《四川绥定府太平县告示碑》议定船规十二条，现存紫阳县城关镇的同治十一年（1872）所立《禁航运流弊以安商旅碑》，光绪八年（1882）旬阳县令又立有《禁尸家讹索船户碑》等。这些行规以政府公告的形式，在沿江集镇、码头、滩口立碑公示。作为行业管理依据，为当事双方私下协商解决一般海事树立了标准，减少兴讼到官、商旅滞留，对沿江各色人等起到了警示作用。

伴随着航运繁荣，石泉、紫阳、安康、旬阳、白河沿江两岸形成了一批港口码头商贸中心，石泉、喜河、汉王、紫阳、瓦房店、流水、安康、吕河、旬阳、蜀河、白河等最为著名，被各地客商誉为"小武汉""小上海"。全国各地的商户在此划行归市经营，如陕西客商主要经营山货土产，河南客商经营药材、丝绸，江西客商经营药材，湖北客商经营山货、匹头、皮张、鬃毛、色布，湖南客商经营印染、陶瓷等等，客商按照地域、行业、民族划分结成不同帮会，作为自治管理组织。安康城区形成了陕西、河南、湖北、湖南、江西、四川、福建、山西八大帮会，还有黄州帮、武昌帮、船帮、回帮等。各地码头小镇根据商贸地位也建立了不同的自治管理组织。各帮按经营商品种类，有序经营，避免价格倾轧，恶性竞争。各帮为了联络乡谊、发布商情、共商行规、赛会酬神、共谋发展，竞相筹资修建会馆，穷奢极丽，传有"杨泗庙一枝花，黄州馆赛过它"。安康城区所有会馆废毁殆尽，至今存留有石泉禹王宫、江西会馆，紫阳的北五省会馆、四川会馆、

◎ 石泉古城

◎ 紫阳北五省会馆壁画

江西会馆，旬阳蜀河杨泗庙、黄州馆、三义庙、清真寺等，成为当地最有特色的建筑，会馆文化遗产在陕西独树一帜。

紫阳县瓦房店位于任河和渚河交汇处，距县城6.5千米，素有"小汉口"之称，明末清初时瓦房店就有会馆17家，现存北五省会馆、四川会馆、江西会馆等，以北五省会馆最为著名。北五省会馆原名山陕会馆，或关帝庙，以陕西、山西客商为主，湖北、河南、山东客商襄助修建，会馆依山坡梯级而建，沿南北中轴线建有戏楼、观戏楼、钟鼓楼、过殿、正殿。观戏楼装石质雕花栏板，前有两棵百年老桂，香溢四野。正殿及过殿内墙面绘有约200余平方米壁画，取材三国故事、二十四孝图和山水，工笔绘制，用笔细腻，是目前陕西境内发现的面积最大、保存最为完整的清代建筑壁画之一，对研究汉水航运和地域文化形成具有重要价值。2013年被国务院公布为第七批国家级重点文物保护单位。

◎ 蜀河杨泗庙戏楼

蜀河是汉江中上游地区保存最为完好的水运码头古镇，因有蜀王冢而得名。蜀河、汉江在此交汇，沿汉水上可至安康、下可至老河口，循蜀河北去可接子午道、库谷道至关中，早在唐代就开始了贡赋转运，明清时期就形成了蜀河堡。蜀河古镇，现存前、中、后老街，回肠曲折，石板铺就，老宅老铺，分列期间。蜀河古色古香，古风古韵，汉江水文刻记、溜光圆滑的青石板路诉说着历史沧桑。修旧如旧的黄州馆、三义庙、清真寺、杨泗庙等见证曾经的辉煌，老电报局、货栈、福音堂待修整重焕生机。"蜀

◎ 镇坪盐道　　　　　　　　　　　　　　◎ 巫溪宁昌盐泉

河八大件"总能勾起人们舌尖上的乡愁，被列入非物质文化遗产名录，太平灯社火每年定时上演。循着街头依然坚守手工制作的蜀河麻花、花馍香味，可以寻找到汉江航运文化的根脉。

镇坪盐道是古代巴渝巫盐进入陕西、湖北的重要通道，始自汉代或更早。吕洞宾《过水坪》诗云："林下支锅炊饭客，道旁背笼贩盐人。"盐业一直由国家专营，是封建国家财政的主要来源，一般是划定区域限制经营。明清时期，安康一带官定使用陕西路州食盐，路途远，加之川陕大移民人口大增，食用需求量大，导致价格高涨，食盐走私猖獗。由巫溪大宁盐场到秦巴地区路途较近，成本低廉，价格便宜，获利颇丰，湖广移民铤而走险贩运食盐，于是镇坪盐道又繁荣起来，清严如熤在《三省边防备览》中写道："冬春之际，赴场买盐者，日常数千人。"

盐道遗址是第三次全国文物普查时被发现登记，位于安康市镇坪县境内，遗址包括各分支线路总长度为153千米。镇坪盐道始自巫溪大宁盐场，沿大宁河经檀木树坪、白鹿、徐家坝、龙泉进铜罐沟，上陕西界鸡心岭，主线沿南江河向北经白家、牛头店、曾家坝，翻秋山，由平利至安康。沿途在钟宝镇瓦子坪分道入湖北,在上竹镇分道岚皋、紫阳;从平利西河至旬阳吕河汇入汉江。道路沿途遗存很多,有山间小道、石砭道、石垒砭道、登山石阶、栈道、槽道、栈桥、凉桥、渡口等道路遗迹,有寺庙、会馆、店铺存留。镇坪现有健在盐夫176位,他们是中国人力挑背食盐历史上最后的盐夫,是中国盐业发展史上的活化石。镇坪盐道是秦巴山区最大的私盐贩运通道,成为贯通川陕和鄂北地区的经济大动脉,对沿线社会经济文化产生了重大影响。

茶马古道是古代中央政府在西南茶区、西北藏区间形成的以茶换马的专门通道,陕甘茶马古道延续久远,最为知名。秦巴产茶历史悠久,据研究,汉阳陵出土的茶叶就源自这里。如前所述,南北朝时期胡人居留这里,贸丝贩茶,唐宋时期,陕南成为全国重要茶区,金州茶芽作为贡品,远销西域。宋代所需军马也是通过茶叶换取。清康熙《兴安州志》载:"吴挺,金州都统。绍兴中,暴水入城,挺赈被水者,复增筑长堤。军中互市,以茶(换)羌马,西路骑兵,遂雄天下。"陕南茶区位列全国八大茶区之首,最迟在唐代,安康茶即远销西域各地。

明清时期,茶马互市需求旺盛,湖广移民大开发,促使秦巴地区茶叶进入大发展时期,"男废耕,女废织""昼夜治茶不休"。陕甘茶马古道源自安康,将今天紫阳、平利、石泉、汉阴、岚皋各县和汉滨区所产绿茶运往藏区换马,并出现了专营紫阳茶商号。《明史·食货志》记载:"陕西汉中、金州、石泉、汉阴、平利、西乡诸县,茶园四十五顷,茶八十六万余株⋯⋯,十取其八,以易番马。"金州茶叶价值昂贵,一百斤可换回一匹军马。从安康、西乡经汉中,到甘肃陇南、天水、兰州,形成了中国古代真正意义上的茶马古道。曾任兰州同丰茶店经理赵同文在《紫阳茶西销之历史》一文中说:"紫阳茶之西销,约在明清两代为盛,它是沿丝茶之路向西漫进

◎ 紫阳茶马古道燎原老街

第一章 脉源安康 安康人文历史

◎ 紫阳茶马高峰论坛

的。当时的丝茶之路,即今丝绸之路。……由明清至民国初,紫阳茶经这条路已远销到西亚伊朗、土耳其、阿拉伯、伊拉克,北非的埃及、突尼斯、摩洛哥、阿尔及利亚……"光绪二十九年(1903)曾任定远、蒙自知县的白河进士谢馨,曾目睹安康人经四川康定,贩卖山货特产绿松石、茶叶到藏区,他在《月儿潭绿松石歌》中写道:"毡车朝停打箭炉,轻帆夜渡金沙口"即是说,安康除了走兰州一路外,还有由四川入藏之路。

九、汉水风情(非遗之光)

　　安康,北靠秦岭,南依巴山,汉江横贯东西,是一个移民长期聚集的地方。特别是明清以来的湖广大移民,形成了当地居民五方杂居,文化交相杂糅、乐山亲水、尚德重义的社会文化氛围,为民间传统文化艺术的产生发展提供了肥沃的土壤,形成存续了一批具有鲜明地域特色的非物质文化遗产。"十里不同风,百里不同俗",地处秦岭南麓的宁陕、石泉、汉滨、旬阳,子午古道穿越其中,沟通了关中盆地和汉水谷地。古道沿途枝枝蔓蔓出现了一个个山间聚落、驿站小镇,刀耕火种,养蚕缫丝,渍麻纺织。巴山北麓中段是安康居民的主要活动区域,有河谷孔道与周边四川、重庆、湖北等紧密往来,自古深受巴文化影响,长期为流民避难生息之所。明清时期受"湖广填四川"政策的影响,大量移民云从响应,来此间依谷栖岩,落地垦殖,伐木造纸,开矿办场。这些地方始终延续着最为传统的农耕文明生产生活方式。沿江七个县区的生产生活与汉江休戚相关，文化中始终流淌着汉江基因和血液。安康人的生活离不开汉江，沿江大大小小数十处码头，有"小上海""小汉口"之美誉。樯帆林立，连通秦楚。商贾云集，懋迁有无。这一区域的民间生产生活带有明显的商品经济因素，民间文化显得富有生机和灵魂。

安康非物质文化遗产主要体现在秦岭、巴山、汉水三个不同地域的生产生活方式上，以传统农耕文明为主流，努力在相对封闭、自给自足中保存，在碰撞交融、交流互鉴中发展，也在社会进步中消失。刀耕火种、土法酿酒、茶叶制作、古法造纸、蚕桑养殖、土法榨油等生产方式日渐消亡，传统的火塘取暖、吊罐煮饭、腊肉熏制、紫阳蒸盆子、磨制豆腐、家畜养殖、巴山婚俗等受到新的生活方式不断冲击。年节习俗上的城隍出巡、社火竹马、龙舟竞渡、安康小场子、石泉火狮子、翻天印等表演不再受到热捧。娱乐文化表现在汉调二黄、紫阳民歌、旬阳民歌、平利弦子腔、皮影道情、安康花鼓子、安康曲子、汉江号子、安康道情、八岔戏、陕南歌谣、镇坪五句

◎ 安康社火

子歌、平利唢呐曲牌等，山歌小曲和大戏高腔和谐共鸣。饮食文化最具生命力，酸、甜、苦、辣、咸五味调和，蜀河"八大件"、汉阴白火石氽汤、白河"三点水"、岚皋神仙豆腐、石泉庖汤会、汉阴炕炕馍、安康蒸面等

◎ 蜀河八大件

似乎是永不消失的舌尖乡愁。

蜀河"八大件"制作技艺，"八大件"是安康、商洛汉水流域逢年过节、红白喜事宴席的主要菜品形式，共八凉八热、八荤八素，凉菜一次摆成，热菜间隔而上，最后上六个座碗和一个汤。菜品内涵、制作技艺、上菜顺序、座次礼仪以旬阳县蜀河镇最具特色。民间诀曰："上青下白，角荤边素，中间放醋，辣子自助"，已被列入陕西省第三批非物质文化遗产名录。

紫阳毛尖传统手工制作技艺，紫阳毛尖名为"金州茶芽"。制作步骤为采摘鲜叶、摊晾、铁锅杀青、初揉、晒干、渥堆发汗、紧条提毫、晾干、干茶过滤等，以"香高、味浓、耐冲泡、回味香甜"名世，已被列入陕西省第三批非物质文化遗产名录。

紫阳蒸盆子制作技艺，蒸盆子是紫阳特色美食。精选猪肘、全鸡、莲藕、萝卜、鱿鱼、海参、木耳、香菇、鸡蛋饺等原料依次装盆蒸制而成。据传由汉高祖刘邦屯兵紫阳，犒劳将士大盆吃肉演变而来，已被列入陕西省第二批非物质文化遗产名录。

镇坪腊肉腌制技艺，腊肉为猪肉盐渍烟熏风干的传统肉食制品，制作食用地域广阔。秦巴山区镇坪腊肉腌制以盐生、熟分为清淡微甜和麻辣味重两种口味。烘炕同法，条形整齐，色泽红润，咸淡适口，熏香浓郁，已被列入陕西省第四批非物质文化遗产名录。

汉调二黄（亦作簧），又称陕二黄、山二黄，陕西大型戏曲剧种。流行于关中和陕南汉水流域及甘南、川北、豫西、鄂西北和山西晋城一带。

明末清初，随着移民和汉江航运商贸的发达，传入汉水流域，由西皮、二黄结合杂糅多种艺术声腔形成，又多称"汉调"。汉调二黄共分末、净、生、旦、丑、外、小、贴、老、杂十个行当，剧本、表演、音乐、化妆、服装道具五大艺术类。安康挖掘整理剧目1032本，已经抄录662本。脸谱样式有四百五十多种，已被列入国家第一批非物质文化遗产名录。

平利弦子腔，又名弦子戏，平利地方传统戏剧，流传于平利县及周边地区。以皮影戏形式表演，弦胡伴奏，唱腔中喊腔吆号子，故名弦子腔。唱腔有大腔、下调（又名二腔）、数腔、娃子腔，唱腔末尾"丢腔干白"和"喊腔号子"。现存剧目多达800余个，代表剧目有《沽酒》《拾玉镯》《两相喜》等，已被列入国家第三批非物质文化遗产名录。

汉滨龙舟风俗，安康汉水流域民间端午节俗。以祭祀祈福、龙舟竞渡、民间商贸活动为主。源起不详，清代中叶、民国及今蔚然成风。安康龙舟有"真龙"和"假龙"。真龙为竞赛专用船只，杉木制成，跷头跷尾黄瓜底，雕绘龙头龙尾及鳞甲。假龙则用航运木船筏子临时装饰而成。比赛时设挠、锣、鼓手各1人，桨手24人，按挠手指挥和锣鼓节奏竞赛，安康龙舟竞赛已成中国十大节庆活动，已被入列陕西省第一批非物质文化遗产名录。

安康小场子，安康地方传统民间歌舞，形成于清乾隆中期，道光年间达到鼎盛。主要流行于汉滨、石泉、汉阴、紫阳、旬阳、白河。表演时由旦、丑二人在八仙桌上边唱边逗边舞，以锣鼓配八岔戏演唱。"三缠腰""三见面""三碰头"，丑角耍草帽圈为经典动作。有代表剧目《吴三宝游春》《要嫁妆》《白扇记》，已被列入陕西省第一批非物质文化遗产名录。

汉阴皮影演技，汉阴地方传统戏剧技艺。以中国传统皮影为表演形式，结合汉调二黄剧目唱腔，辅以美女变脸、马上斩人、社火烟花等独一无二的绝技手法，形成独具特色的皮影表演技艺。生、旦、净、末、丑俱全。

第一章　脉源安康　安康人文历史

◎ 安康汉剧

◎ 安康龙舟赛

◎ 石泉火狮子

剧目达 320 余本，已被入陕西省第二批非物质文化遗产保护项目。

石泉火狮子，安康汉水流域春节社火表演形式之一，形成于明清时期。狮子头竹篾扎成，纸糊涂色，苎麻或龙须草、野生棕叶编结身皮。表演分文、武两类，喷烧烟花助兴，以石泉最佳，已被列入陕西省第二批非物质文化遗产名录。

翻天印，安康汉水流域春节社火表演形式"火狮子"的一种。盛行于汉滨区恒口、五里、建民一带，始于清代。八仙桌上舞狮子，或玩龙和竹马。根据方桌数量，分摆单桌、摆太极、贺四方等。36 张桌叠架五层，180 人表演，长达 6 小时为盛，已被列入陕西省第六批非物质文化遗产名录。

◎ 安康翻天印

宁陕城隍庙会，始于清乾隆年间，每年从农历四月初七至初九，举行城隍出巡仪式，设香案做道场，期间戏班献戏，商业及文化活动十分活跃。宁陕城隍庙，地处老城长安河沙洲之上，河水环周，不被水患，俗传"金鸭浮舟"，为当地胜景，已被列入陕西省第三批非物质文化遗产名录。

石泉鬼谷子传说，鬼谷子，姓王名诩，又名王禅，春秋战国纵横家，善谋略，传苏秦、张仪、孙膑、庞涓等。传说鬼谷子曾在石泉云雾山鬼谷岭修炼授徒。石泉围绕传说挖掘整理成石泉鬼谷子文化，成功打造以鬼谷子文化为核心的中国鬼谷子文化小镇和云雾山鬼谷岭景区，已被列入陕西省第四批非物质文化遗产名录。

老城竹马，民间节日表演形式。流传于宁陕县城关、汤坪一带的民间舞蹈。竹马用排灯、花灯、竹篾等材料制成，纸糊涂色。表演时五人扮竹马，五人奏乐，一人打伞形成一队。相传源自薛刚反唐时大闹花灯，后经子午栈道传入宁陕，流传至今，已被列入安康市第二批非物质文化遗产名录。

安康非物质文化遗产种类多、数量大、地域广、流传久，涵盖非遗各个大类，以上摘选部分主要保护项目进行介绍。2005年以来，安康非物质文化遗产保护体系逐步建立，汉调二黄、紫阳民歌、旬阳民歌、平利弦子腔入选国家级非物质文化遗产名录，十县区37个非遗项目列入陕西省非物质文化遗产保护名录，公布市级非遗保护名录168个。

十、激情岁月（三线建设）

在安康现代化发展进程中，三线建设有特别重要的意义，它改变了安康的面貌！为铭记这段历史，感恩建设者们的奉献，安康博物馆设专题展——"激情岁月——安康三线建设历程展"，再现修筑襄渝铁路和阳安铁路的那段激情岁月。

20世纪60年代，中国面临的国际环境不断恶化，为应对外来战争威胁和经济封锁，中央把全国划分为沿边沿海一线地区、中部二线地区、西南和西北三线地区。在"三线"地区展开了大规模的国防、科技、工业和交通基本设施建设。从1964年开始，数百万建设者齐心协力、艰苦奋斗，初步建成了我国的战略后方基地。

1. 建设概况

安康居川、陕、鄂交通要冲，是三线建设关键交通枢纽区域。三线建设期间，在此修筑了襄渝铁路和阳安铁路，工程代号分别为2107和

1101。襄渝铁路，东起襄樊，西抵重庆，全长915.6千米，是我国西南地区连接中原腹地的重要铁路干线。1970年初，襄渝铁路开展大会战，1973年10月全线建成通车。襄渝铁路陕西段总长264千米，桥隧折合单线长达215千米，有隧道185座，桥梁250座，为线路长度的81.5%，是一条在大山"肚子"里穿行、"打不烂、炸不垮"的钢铁运输线，工程尤为艰巨。

阳安铁路，西起宝成铁路阳平关车站，东至襄渝铁路安康车站，全长356.7

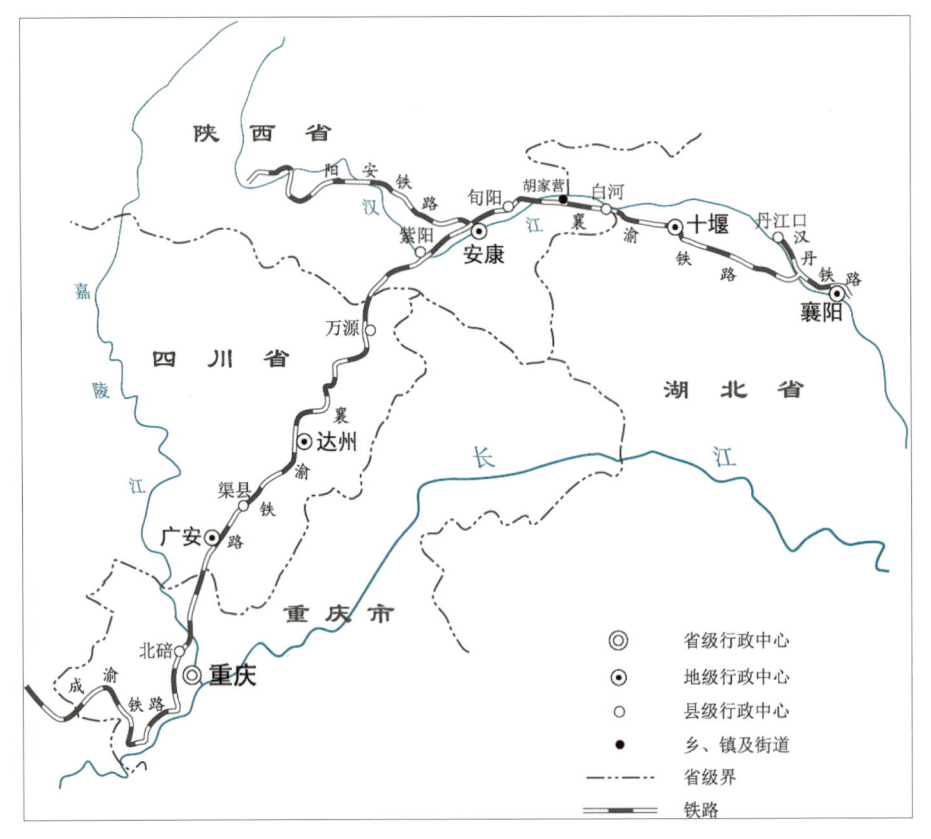

◎ 襄渝铁路示意图

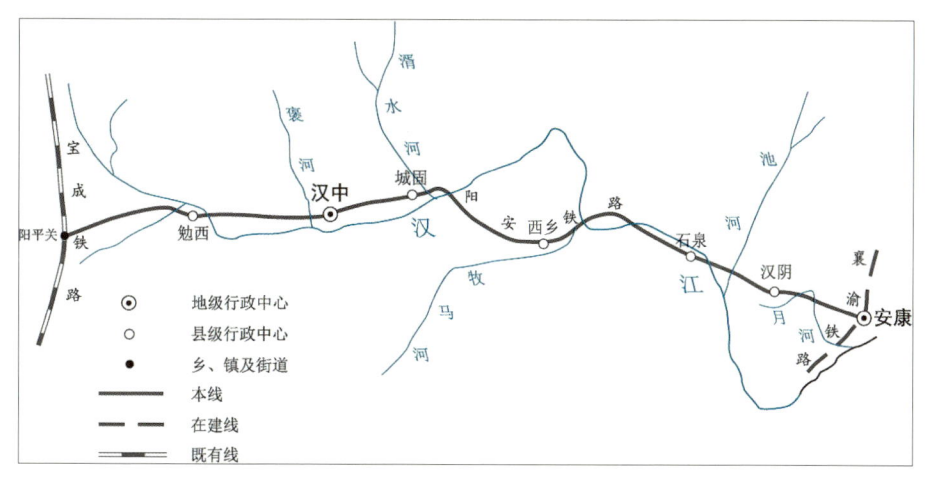

◎ 阳安铁路示意图

千米，是一次建成的电气化铁路。阳安铁路1970年完成设计，1972年全线建成通车，修建桥梁312座，涵渠120座，隧道146座，挡护墙79.7万立方米。

2. 浴血会战

三线建设期间，83万铁道兵、学兵和民兵汇聚在襄渝、阳安铁路沿线，展开了一场由理想、激情、奉献精神支撑的铁路建设大会战，用青春和热血谱写了一曲人生赞歌。各级政府和广大民众的全力支持，为铁路建设筑起了坚实的后盾，共同创造了人定胜天的伟绩。

建设过程中，铁道兵战士们充分展现了"艰苦奋斗、志在四方"的铁道兵精神，栉风沐雨、披荆斩棘，逢山开路、遇水架桥，流血牺牲、气壮山河，为三线建设作出了不可磨灭的贡献。襄渝铁路建设期间，铁道兵共部署了8个师、6个师属团、2个独立团（汽车团、机械团），共23.6万兵力，成为建设的主要力量，作出了巨大贡献。

在襄渝铁路陕西段，铁道兵第2、6、7、8、10、11、13师相关兵力奋战在紫阳至白河一线。岚河隧道全长3682米，铁11师52团3营想方设法加快施工进度，隧道正洞历时3年余竣工，可见工程之艰巨。1971年11月，铁5师23团负责旬阳县段长沙坝、前滩、沟沿三座隧道和大磨沟大桥工程任务，全体指战员和战士发扬革命英雄主义精神，忘我战斗，保证了该段按期完工。1971年12月，铁7师32团、34团承担大竹园站至白岩寨隧道进口之间的施工任务，克服重重困难，努力奋战至白岩寨隧道大战胜利。铁道兵在修路时不忘爱民，在紧张的施工期间，改土造田、修灌溉水渠，支援农业建设，爆破汉江礁石使航道畅通，引隧道泉水解决居民"吃水天天愁"的困境，获得当地群众的广泛称赞。

因施工力量不足，陕西省先后动员25800余名初中生参加襄渝铁路建设，这批学生来自西安市、宝鸡市、铜川市等地，按照军队编制组成141个学

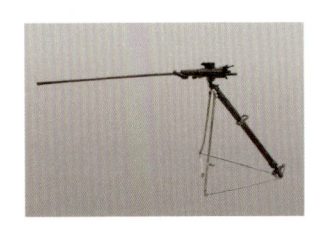

◎ 隧道施工

◎ 风枪 　　　　◎ 安全帽 　　　　◎ 弹药箱

生民兵连，其中 26 个女子连，直接由铁道兵管理，投入铁路建设。学生民兵来到襄渝线建设工地，很快就成为一支战斗力极强的生力军，在隧道掘进、桥梁修架、土石方工程、备料转运和公路建设等方面做出了突出贡献。这群尚显稚嫩的学生民兵克服艰苦的条件，爆发出惊人的毅力，奉献于襄渝铁路建设，涌现出一个个先进典型人物和集体。

5752 部队学生 11 连在物资转运工作中做出突出成绩，被铁道兵西南指挥部授予"誓顶西线半边天，英雄学生十一连"光荣称号。5851 部队学生 9 连，在流水二号隧道的施工中，克服流沙多、地下水泛滥等重重困难，获得优胜红旗。5852 部队学生 6 连驻扎在安康县岚河区大沙坝，在全连营房被大火烧毁的情况下，迅速重建并投入到火石岩隧道平行道的掘进施工中，

◎ "我们要去三线了"合影照　　◎ 5848 部队学兵一连全体合影

做到减人不减任务、不减质量。5847 部队学兵 12 连，创造了襄渝铁路全线的最高掘进记录，2107 工程总指挥和铁道兵师、团首长为其庆功。5847 部队学兵 6 连创造了月掘进 153 米，四班倒六排炮等铁道兵筑路史上的两项最新记录，获得"优胜连队""施工优秀单位""劳动竞赛先进"等 7 项光荣称号。5847 部队学兵 26 连是一群能征善战的女学兵，她们步行 6 天就翻越秦岭到达旬阳县蜀河区沙沟公社驻地，完成修建便道任务后，迅速投入到

◎ 劳动中的女学兵

◎ 劳动中的男学兵

◎ 襄渝线留念帆布旅行包

◎ 三线建设立功奖状

◎ 建设中的沙沟大桥

沙沟隧道和沙沟大桥的施工中，分为机械排、钢筋排、隧道排和副食加工排，任务繁重，但从不落后。

学兵楷模吴南烈士是5851部队学生17连二排排长，陕西彬县人，1970年8月积极参加襄渝铁路建设。隧道掘进开工后，吴南领导的排分成几班倒，他经常是跟班连轴转，一干就是十六七个小时。无论是受伤还是生病，吴南没有休过一次病假。1972年6月17日，在枫树垭隧道的一次塌方事故中，为战友的安全，吴南临危不惧，挺身而出，不幸壮烈牺牲，时年19岁。吴南牺牲后，被团党委追认为共产党员，被师党委追记二等功，陕西省革命委员会授予其"烈士"称号。《人民日报》和《陕西日报》以"光辉的道路、火红的青春"为题，报道了他的英雄事迹。

这些学兵们年龄小，多才多艺，善于学习。到驻地后，一切从头学起，艰苦备尝。他们发扬"自己动手，丰衣足食"的精神，开荒种菜、养猪养羊、搭建毡棚、修小路和便道、成立炊事班，解决吃住行的问题，下工之余积极组织或参加文化学习和娱乐活动。

◎ 追记吴南二等功奖状　　　　　◎ 铝制圆形饭盒

"河边扎营,山谷安家。风钻伴我唱歌,顽石为我开花。谁说隧道狭小,洞口露天巴掌大?嘿!打开天窗说亮话,咱们修的隧道通天下,一头通向天安门,一头通向亚非拉!"

——节选自民兵诗选《咱们的隧道通天下》

◎ 磨豆腐　　　　　◎ 种南瓜

民兵是安康三线建设的重要力量。自1970年10月开始,为抢修襄渝铁路和阳安铁路,安康组织20余万民兵常年参加铁路修建,并利用农闲组织季节性民兵突击重点工程,阳安铁路组织安康民兵119500人,襄渝铁路组织安康民兵139864人。这些民兵不畏困难、冲锋在前,积极为家乡的建设发展贡献力量。安康县民兵独立团"铁姑娘排"有54名女基干民兵,平均年龄18岁,1969年冬建排后的两年中,连续参加重建安康八一水库、抢修安旬公路和修筑襄渝铁路3个战役,多次出席县、

◎ 三线建设五好民兵喜报

地、省和兰州军区"积代会",被省革委会、省军区授予"先进集体"荣誉称号。她们用自己的行动树起"半边天"的楷模,是名副其实的拥有铁的意志、铁的纪律、铁的力量的"铁姑娘排"。民兵英雄王忠定烈士是安康县洪山乡人。1970年参加襄渝铁路修建,为民兵1师4团4营19连3排副排长,他打猫洞掌钢杆,排除哑炮,苦活、险活总是抢着干。1971年5月15日凌晨,岚河隧道内失火,王忠定指挥民兵撤离脱险时光荣牺牲。中共二一〇七工程陕西省民兵第一师委员会追认他为中共正式党员,陕西省军区为他追记一等功,兰州军区追认王忠定为烈士。

三年内建成两条铁路是一个艰巨的任务。安康三线建设不仅得到全国各地的支援,安康地方各级党委政府也以最大的热情、最慷慨的奉献支援三线建设,集中青壮劳力,划拨好田好地,保障物资供应,铁路所经之处,征地、拆迁民房、公路改道全部一路绿灯。党政部门发动群众,开展三线建设大宣传、大动员,掀起全面支援三线建设热潮。安康倾其所有,支持修路大军,三线建设需要什么,安康人民就支援什么,为修建三线铁路,安康人民作出了巨大的牺牲和贡献!

3. 铭记感恩

一位记者对当年铁路施工做了如下的描述。

为修这条铁路献出生命的战士、工人和民兵不计其数。铁路每推进一千米,就有一名战士倒下。地震、泥石流、山体滑坡等自然灾害几乎时时在发生,山火、爆破、翻车事故几乎天天都有。谁能说得清在襄渝铁路沿线究竟掩埋着多少战士的英灵？

据不完全统计，建设襄渝铁路牺牲的铁道兵指战员688人，其中紫阳219人、旬阳200人、安康174人、白河66人、岚皋21人、镇安8人；牺牲陕西民兵924人，其中安康221人、旬阳185人、岚皋105人、白河95人、平利85人、镇坪8人、紫阳201人、镇安24人；牺牲陕西学生民兵118人。阳安铁路牺牲陕西民兵98人，其中汉阴45人、石泉20人、安康33人。

巨大的牺牲换来了巨大的成就，三线建设为安康的发展奠定了坚实的基础。历史将永远铭记建设者们不朽的功绩！

贰

天赋安康

安康自然资源

第二章 天赋安康 安康自然资源

安康位于陕西东南部,居川、陕、鄂、渝四省市交界处,面积23391平方千米。秦岭主脊横亘于北,大巴山主梁蜿蜒于南,汉江由西向东横贯,凤凰山自西向东延伸于汉江谷地和月河川道之间,形成"三山夹两川"的地貌。境内最高点秦岭东梁海拔2964.6米,最低点白河县与湖北省交界的汉江右岸海拔仅170米,主要山脉有秦岭的东梁、平梁河、南羊山和大巴山的化龙山、凤凰山、笔架山等,森林面积15293.8平方千米,生物资源、矿产资源、水电资源丰富,是陕西乃至全国不可多得的自然资源宝库。安康博物馆基本陈列内容之一——"天赋安康",即以自然标本为重点,辅以自然场景再现,综合展示了安康优质的生物、矿产、旅游、水资源。

一、西部水乡

安康境内河网密布,以汉江为主的干支流呈"叶脉状"分布。汉江流经安康市石泉、紫阳、汉阴、汉滨、旬阳、白河六县区,长340千米。流域面积5平方千米以上的河流有941条,其中1000平方千米以上的有10条,100~1000平方千米的64条,5~100平方千米的有867条。秦岭南坡的河流,峡谷多、落差大;大巴山北坡的河流,上游多峡谷深渊,下游蜿蜒曲折于

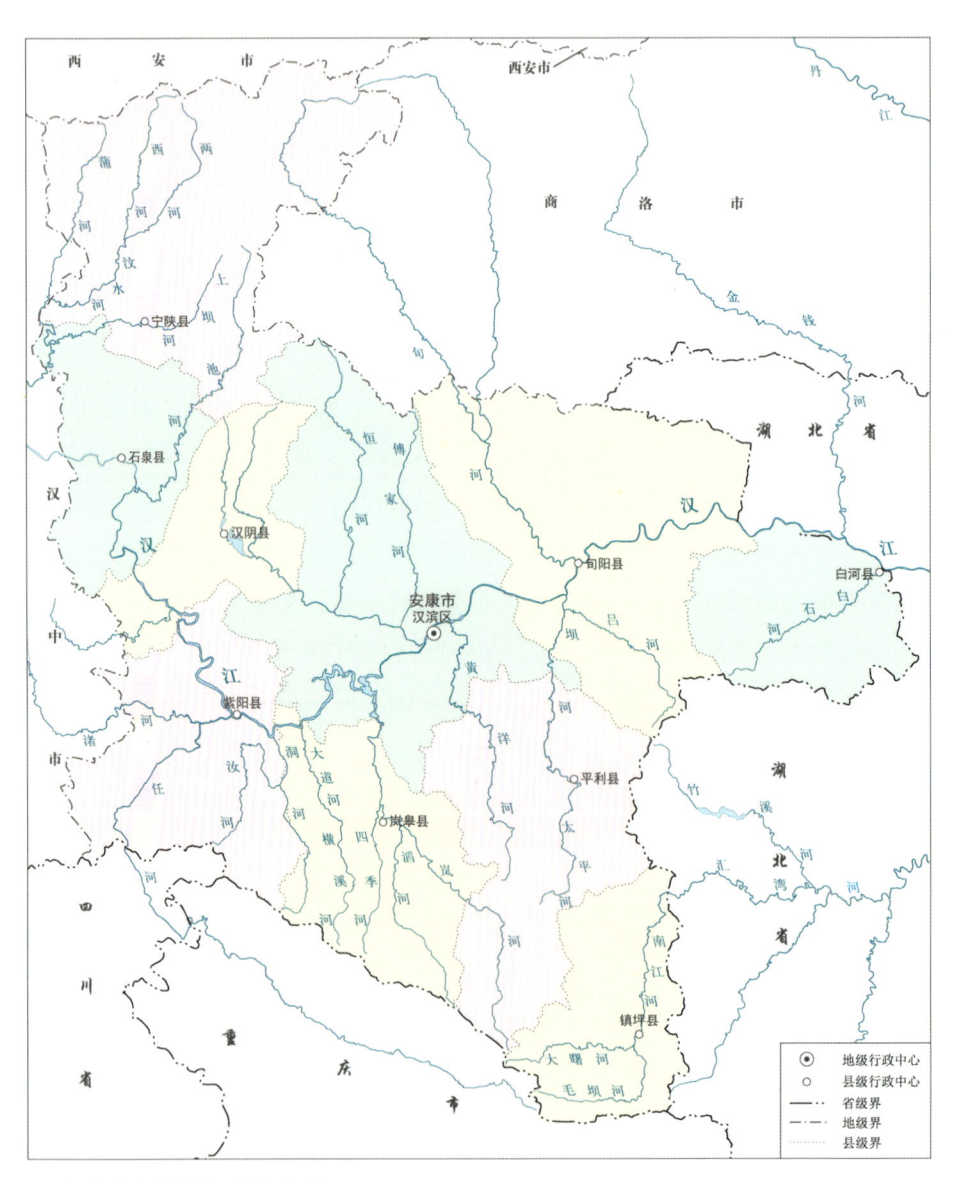

◎ 安康境内主要河流水系图

第二章 天赋安康 安康自然资源

◎ 旬阳太极城

群山之中。这些大小河流带来了丰富的资源,哺育着安康儿女。

月河是汉江北岸支流,发源于凤凰山主峰铁瓦殿北麓,流经汉阴县、汉滨区,全长95.2千米,流域面积2830平方千米。月河较大支流有观音河、洞河、恒河和付家河。月河曾是汉阴县、汉滨区主要的运输通道之一,舟楫往来,十分繁忙。沿河两岸风光绚丽多姿,颇多名胜古迹和新辟之景观。月河源头铁瓦殿,雄踞海拔2128米的凤凰山之巅。顺流而下,可观赏汉阴古八景之凤山叠翠、月水环带、红岩古寺、丹壁孤悬、乳峰双峙以及两合崖圣景。月河川道是汉阴、汉滨两县区的政治、经济、文化中心,是安康市重要的粮食生产基地、食用油生产基地和蚕桑生产基地。

旬河是汉江上游左岸支流,发源于秦岭中段沙沟岭南侧,跨安康市宁陕、旬阳和商洛市镇安三县,流域面积6310平方千米,全长218千米,旬河在即将汇入汉江时,河道迂回曲折,绕旬阳县城(老城)多半转而入汉江,形似"S",形成了旬阳太极城这一奇特的自然景观。流域内矿产资源储量可观，目前已开发和探明具有开发价值的有铁矿、钼矿、滑石矿、大理石等。旅游资源有旬阳坝溶洞群、七亩坪峡谷、平河梁林海等。天然林保护区有野生动物250余种。境内植物种类丰富，有种子植物136科，属重点保护植物20科。中下游地势较为开阔，人类活动频繁，早在史前便有先民活动的遗迹。旬河流域水能蕴藏量丰富，水能开发潜力很大。

任河是汉江南岸一级支流，发源于重庆市城口县大雁山，河流蜿蜒曲折向北在紫阳县任河咀汇入汉江。流域面积4870平方千米，其中陕西境内2038平方千米；河流全长211千米，其中陕西段53.7千米。在紫阳县境内共有麻柳河、渚河、权河、绕溪河等河流汇入任河。流域内山岭纵横、河谷幽深、水流湍急，属典型的山溪性河流。任河水质良好，水量充足，具有优越的水能资源开发条件。目前，该河流干流已建成毛坝关水电站，是紫阳县已建的装机容量最大的电站。

岚河是汉江南岸一级支流，因"岚河两岸山多岚气，故名岚河"，发源于平利县南化龙山鸡心岭，自东南向西北流经平利、岚皋、汉滨三县区，在汉滨区岚河口汇入汉江，全长153千米，流域面积2130平方千米，相继有滔河、泗吉河、东香河、龙洞河、南溪河、正阳河等支流汇入，水力资源开发条件比较优越。流域内河流众多、自然资源丰富，还有武学馆、百子洞、肖家坝遗址等人文景观。岚河源头森林茂密，沟溪纵横，正阳镇境内有罕见的瀑布群，飞瀑直下、水雾缭绕、恍若仙境。岚河流域的南宫山景区和享有"西北第一漂流"美誉的岚河漂流广受游客欢迎。

安康水资源总量占陕西省水资源总量的26.1%，人均水资源占有量是全国人均的1.55倍。河流水质优良，汉江出境断面水质常年保持在国家Ⅱ类标准，有中国西部乃至国家"水塔"之誉。安康是"南水北调"中线工程重要水源地，承担着"南水北调"中线工程入库水量66%的水源涵养和水

◎ 岚河漂流

◎ 安康水电站

质保护任务。同时，陕西省实施了"引汉济渭"工程，位于汉中市佛坪县与安康市宁陕县交界的子午河峡谷段的三河口水利枢纽是引汉济渭工程的中枢调蓄"水龙头"，汉江水横穿秦岭屏障，连接黄河、长江两大流域，缓解关中渭河沿线城市和工业缺水问题。此外，丰富的水力资源使安康成为西北地区重要的水电能源基地，全市水能理论蕴藏量469万千瓦，可开发量约300万千瓦。目前，安康境内汉江干流上修建了（含在建）6座大型水电站，支流小水电站星罗棋布。

二、生物宝库

安康地处中国南北地理过渡地带，境内分布着鬼谷岭国家森林公园、千家坪国家森林公园、上坝河国家森林公园、南宫山国家森林公园、凤凰山国家森林公园等11个森林公园，有化龙山、平河梁、天华山、牛背梁国家级自然保护区等6个自然保护区，生态环境优良，生物资源极为丰富。目前，全市已发现植物种类达3300余种，各类树种2157种，中药材1290种，陆生野生脊椎动物700余种，是陕西省和西北地区重要的林特产品和中药材生产基地，被专家誉为"天然生物基因库"和"药材摇篮"。

各种野生植物生存在秦巴山地垂直自然带之中，其中包括许多珍稀濒危的品种，分布在安康境内的珍稀植物就有光叶珙桐、紫杉、麦吊云杉、银杏、延龄草等31种。

光叶珙桐又名鸽子树、鸽子

◎ 光叶珙桐

花树、水梨子,是我国特有的珍贵树种,国家一级重点保护野生植物,系1000万年前新生代第三纪留下的孑遗植物,被称为植物界的"活化石"。喜中性或微酸性腐殖质土壤,生长在海拔700~1600米的深山潮湿环境之中。野生种只生长在鄂、陕、渝毗邻地区,安康市平利县、镇坪县、岚皋县有野生种群分布。

紫杉又称红豆杉、赤柏松、"相思树",是国家一级重点保护野生植物,也是第四纪冰川遗留下来的古老孑遗树种,已有250万年的历史。集观赏和药用于一身,从植株中提取的紫杉醇是世界公认的抗癌药,有"生物黄金"之称。紫杉侧根发达、枝叶繁茂、萌发力强,南北各地均适宜种植,具有喜荫、耐旱、抗寒的特点,陕西主要分布在秦岭南麓。

银杏又名白果、公孙树,国家一级重点保护野生植物,是现存种子植物中最古老的孑遗植物,植物界中的"活化石"。银杏树高大挺拔,叶似扇形,冠大荫壮,具有降温作用,被列为中国四大长寿观赏树种,银杏果实和叶子均有很高的药用价值和食用价值。银杏为喜光树种,深根性,对气候、土壤的适应性较宽,能在高温多雨及雨量稀少、冬季寒冷的地区生长。野生银杏在秦岭南麓安康境内有分布。

◎ 紫杉　　　　　　　　　　　　◎ 银杏

在1290种中药材品种中，国家挂牌收购的有600多种，列入国家药材重点生产基地的中药材有杜仲、绞股蓝、黄姜、葛根等，黄姜种植面积占到全国的一半以上，杜仲产量占全国总产量的四分之一，以绞股蓝、皂素、葛根素为主的药用资源开发已形成具有一定规模的产业群体。

活跃在山林中的还有许多珍贵野生动物，如朱鹮、大熊猫、金丝猴、羚牛、金钱豹、苏门羚等28种，其中朱鹮、大熊猫、川金丝猴和羚牛被誉为"秦岭四宝"。

朱鹮是国家一级重点保护野生动物，国际自然保护联盟（IUCN）濒危物种，被誉为"东方宝石"，体长约78厘米，体重1.2～1.9千克。喙长而下曲，腿、趾、脸部为红色，柳叶形羽冠，夏、冬季羽衣分别为灰、白色。栖息于秦岭南坡海拔400～1400米的汉江平原、丘陵及中低山区，邻近水稻田、河滩、池塘、溪流和沼泽等湿地环境地带。安康境内主要分布于宁陕县、石泉县、汉阴县，宁陕县寨沟建有朱鹮野外放飞基地。

大熊猫是国家一级重点保护野生动物，国际自然保护联盟（IUCN）极危物种，中国特有物种。体长150～180厘米，体型似熊，头圆，吻部和尾较短，毛色仅为黑白两色。主要活动于四川盆地周边和秦岭山地海拔

◎ 朱鹮

◎ 大熊猫

◎ 川金丝猴 　　　　　　　　　　　◎ 羚牛

1500～3000米的针阔混交林和竹林地带。大熊猫已在地球上生存了至少800万年，被誉为"活化石"和"中国国宝"，安康仅宁陕县有分布。

川金丝猴是国家一级重点保护野生动物，国际自然保护联盟（IUCN）濒危物种，中国特有物种，体长53～70厘米，尾体长相若，鼻孔大且翘，唇厚，毛发为青色、灰黑色或褐黄色。群居于海拔2000～3000米的混交林和针叶林带，是活动海拔最高的灵长类动物，食性很杂，以植物为主。主要分布于四川、陕西、甘肃等省，安康仅宁陕县有分布。

羚牛是国家一级重点保护野生动物，国际自然保护联盟（IUCN）稀有物种。体长200厘米左右，体重250～400千克。体型硕大似牛，肩高于臀，吻鼻大而裸，前额显著凸起，喉部具较长的毛。因叫声似羊，性情粗暴如牛，故名羚牛。羚牛是典型的高寒种类，常栖息于海拔1500～3500米的混交林和针叶林带，分布于安康宁陕县、石泉县等地。

黑熊体长150～170厘米，体重150千克左右。体毛黑亮而长，下颌白色，胸部有一块"V"形白斑。头圆，耳大，眼小，吻短而尖，鼻端裸露，足垫厚实，前后足具5趾，爪尖锐不能伸缩。栖息于山地森林，主要在白天活动，

◎ 黑熊

善爬树，游泳，能直立行走。食性较杂，以植物叶、芽、果实、种子为食，有时也吃昆虫、鸟卵和小型兽类。主要分布在亚洲东部森林地带。

安康水生物种也非常丰富，瀛湖发现了有"水中大熊猫"之称的桃花水母。山涧溪流里潜藏着另一种珍稀动物——大鲵，俗称"娃娃鱼"，国家二类保护水生动物，国际自然保护联盟（IUCN）极危物种。体长可达1米以上，最重可超百斤。头部扁平钝圆，前肢4趾，后肢5趾，体表光滑无鳞，多呈灰褐色。安康为大鲵自然分布区之一。

除"秦岭四宝"外，安康博物馆收藏展示的还有中华鼯鼠、狗獾、刺猬、果子狸、红腹锦鸡、红腹角雉、鱼狗、相思鸟、黑熊以及蝴蝶标本等。这些标本非常珍贵，来之不易。宁陕中学和镇坪化龙山国家自然保护区提供了大量植物标本，从西北农林科技大学昆虫博物馆协调大量蝴蝶标本，"秦岭四宝"等珍稀野生动物标本经层层审批后，自楼观台野生动物救治中心调运，方得以入馆收藏展示。2014年，新馆建设期间，一只黑熊在汉滨区叶坪镇被人非法射杀，安康市林业部门将其制成标本后捐赠给安康博物馆永久珍藏和展示。

三、地脉流金

安康处于华北板块与扬子板块的结合部，地质构造复杂，成矿条件优越，蕴藏着丰富的矿产资源。全市已发现各类矿产65种，其中已初步查明资源储量的矿产32种。金矿、汞矿、毒重石、瓦板岩、重晶石、锑矿、锌矿、天然珍稀矿泉水等在陕西或全国位居前列。安康博物馆收藏展示的有金红石、石煤、毒重石、重晶石、硫铁矿、金矿、钛磁铁矿、汞矿、绿松石等。

安康是陕西省金矿重点产区。砂金主要分布在月河流域北部，西起石泉饶峰，东止旬阳烂木沟，全长200多千米。月河谷底平缓，为砂金的沉积富集提供了有利条件。汉阴、蒲溪、恒口、安康等地现有矿床、矿点十余处，

◎ 采淘砂金　　　　　　　　◎ 汞矿石

查明黄金储量 20 吨，是中国砂金资源最为集中的地区之一。岩金则广泛分布于宁陕、石泉、汉阴、汉滨、旬阳等地，其中石泉—旬阳成矿带东西长 130 余千米，南北宽约 30 千米。全市金矿远景储量可达 300 吨。

汞锑矿是安康优势矿种。旬阳公馆、青铜沟地区是中国乃至亚洲最大的汞矿生产基地，成矿带东西长达 50 千米，已探明特大型汞矿床一处、大型汞矿床二处，汞储量 1.48 万吨，汞产量占全国总产量的 70%，锑矿与汞矿伴生，探明两个中型矿床，一个小型矿床，锑储量达 4.42 万吨，位居全省第一。全国有名的旬阳鸡血石即赋存于旬阳公馆——青铜沟汞锑矿床的边缘地段，兼具收藏价值和观赏价值，颇受市场欢迎。

此外，全市已查明重晶石资源量 2554 万吨，远景储量超过 4000 万吨，且以品位高、矿层厚、易开采而受到国际称誉；毒重石矿远景储量超过 500 万吨；铅锌矿查明储量 221.54 万吨；瓦板岩矿资源量为 66.2 亿立方米，预计成材板石量约 990 亿平方米，开发潜力巨大，产品在国际市场享有较高声誉。

在安康肥沃的土壤里富集着一种化学元素——硒。硒是人和动植物必须的营养元素，可以用作光敏材料、电解锰行业催化剂，在地壳中含量仅为 0.0009%。富硒是安康最具优势的资源，全市 54.2% 的土壤硒含量达到中硒（0.2 毫克每千克）以上水平，且品质高，易于开发。富硒产业已成为安康的支柱型产业，"中国硒谷"已成为安康的"名片"。

四、秦巴画廊

安康坐拥秦巴，怀抱汉水，风景如画，美不胜收，宛若镶嵌在秦巴腹地的一颗璀璨明珠。全市现有南宫山、瀛湖、中坝大峡谷、燕翔洞、香溪洞、筒车湾等 12 个国家 AAAA 级景区。近年，安康市规划"一心引领、两廊延

◎ 瀛湖水色

展、三区带动、四线串联、五品融合、六业联动"旅游产业发展布局，把优美的山水人文风光转化为优势旅游资源，着力打造生态休闲、亲水娱乐、康养度假、特色民宿、富硒美食旅游产品体系，推动旅游产业逐步成为富民强市的战略性支柱产业。

"一心"即瀛湖—中心城—安康湖（汉江旬阳电站）核心区域。瀛湖位于安康市城区西南，国家AAAA级旅游景区，是安康火石岩水电站建成后形成的西北五省最大的淡水湖。景区总面积102.8平方千米，水域面积77平方千米，湖中分布翠屏岛、金螺岛、鸟岛、织女石等景观，素有"陕西千岛湖"之称。中心城区包括香溪洞和一江两岸景观带，香溪洞位于安康城南，国家AAAA旅游风景区。因山野遍生香花刺，山溪流香，沁人心脾，故称香溪。始建于唐，明代成为道教名山，传为吕洞宾仙游地。景区

◎ 燕翔洞

◎ 中坝大峡谷

◎ 南宫山

  内有香溪八洞、百步天梯、三清殿、玉皇阁、古钟亭、香溪湖等景点50余处，是观光旅游、休闲健身、陶情冶性的"洞天福地"。一江两岸景观带荟萃汉水人文，包括汉江公园、龙舟文化园、汉调二黄文化园、安康博物馆、安澜楼、汉江大剧院等风景，是城市观景、夜游、徒步休闲的最佳去处。

  "两廊"即"东西诗画汉江亲水蓝廊"和"南北秦巴画廊生态绿廊"。"东西诗画汉江亲水蓝廊"以汉江为轴，突出水域风光和人文风情，沿江有古城镇、古村落、会馆群，蕴藏着深厚的汉水文化、龙舟文化、茶文化等。著名景区如石泉老街，老街位于石泉县城南部，全长1千米，沿街建筑青砖灰瓦、飞檐吊角，古朴幽静。历史上曾经是商贾云集、繁荣富裕的商贸一条街，至今仍保留着古代县衙、警署、20世纪的新华书店、税务局等建筑。位于石泉的还有中坝大峡谷和燕翔洞，中坝大峡谷是国家AAAA级旅游景区，景区面积约21平方千米，峡谷长约3千米，谷内山景、水景、石景交辉相映，十分壮观。有舍身崖、鹞子岩、鹰嘴峰、落花湖、迎宾瀑、碧水潭、牛心峡、

◎ 天书峡

◎ 黄安坝草原

民俗博物馆等景点；燕翔洞是国家 AAAA 级旅游风景区，系寒武系古生石灰岩溶洞群。因群燕巢于内，出入盘旋，终日不已，取名燕翔洞。洞内岔口交错，深邃莫测，有石钟乳、石瀑、石舟、石柱、石幔、石笋等各种景观。从石泉沿江而下，沿线可以到紫阳富硒茶观光园采茶、听民歌，赏瀛湖风光，在蜀河感受古镇往昔。

"南北秦巴画廊生态绿廊"沿 210 国道、541 国道，南北跨越宁陕、石泉、汉阴、紫阳、岚皋、平利、镇坪等县，域内生态旅游资源丰富，包括自然观光、生态休闲、康养度假、自驾露营、科考探险等特色旅游景点或项目，是山水俱佳的生态健康旅游绿廊。岚皋县东部的南宫山是国家森林公园、国家 AAAA 级风景区，系巴山深处罕见的古冰川及火山遗址。因主峰并排三峰构成笔架状，又称笔架山，景区内有二郎坪、金顶、火山石、高山栎和莲花寨五大景区。北宋靖康二年（1127），山上始建道观，清代演变成佛教胜地，庙中供有道光元年（1821）高僧弘一大师肉身，真身百年不腐。

天书峡则位于平利县八仙镇南侧千家坪国家森林公园境内，峡长二十多里，峡谷两岸全是断崖，岩石呈垂直节理，千层叠合，极似书架上摆放的书籍，故名"天书峡"。景区包含原始森林、瀑布峡谷、中山草甸、"九经琴韵""万卷天书"等景观。宁陕县上坝河国家森林公园，园中有骆驼峰、磨子岩、轿顶山、八大鼓等奇峰二十多座，峡谷一百多条，动植物众多，被誉为"天然植物园""动物王国"。镇坪飞渡峡·黄安坝生态旅游度假区是国家 AAA 级旅游景区，景区美景天赐，以钵钵潭、城墙岩、玉皇洞、麦渣坪、飞渡峡瀑布群、黄安坝大草原为代表的 20 余处景观构成"飞渡五绝"，即奇树、怪石、飞瀑、深潭、草甸。

由北至南，安康的旅游资源又可以分为"三区"，即秦岭之心森林游特色体验区、凤凰仙境康养游特色体验区、巴山之巅草甸游特色体验区，特色各异的景点散布其中，自然与人文交汇，将安康多姿的秦巴风情和深厚的汉水文化展示给所有来往游客。

附录

游客服务信息

一、展馆介绍

安康博物馆基本陈列以"秦巴明珠"为主题，由天赋安康、脉源安康和安康非遗组成，另设专题展"激情岁月——安康三线建设历程展"。

天赋安康以自然场景再现和自然标本为重点，展示秦巴山区优质生物、矿产、旅游、水资源。

脉源安康讲述安康人文历史，以重要节点、重大事件、重要人物和精品文物为串珠，连起了安康历史脉络与浓郁的地方文化。

安康非遗贯穿"家在秦巴汉水间"，营造出秦岭人家、汉水风韵、巴山样子里淳朴的民俗，浓浓的乡愁。

专题展"激情岁月——安康三线建设历程展"，铭记了20世纪70年代修建襄渝铁路、阳安铁路激情岁月，感恩弘扬铁道兵、民兵和学兵奉献牺牲精神。

附录

◎ 一层（天赋安康、安康市家风馆）　　◎ 二层（脉源安康）

◎ 三层（安康非遗馆）　　◎ 四层（文字石馆）

二、开放时间

每周二至周日 9：00—17：00（16：30 停止入馆），每周一闭馆（国家法定节假日除外）。

三、交通线路

地址：安康市汉滨区安澜路 6 号。

乘车路线：乘 7 路、9 路、13 路、22 路、32 路公交车到博物馆站即可。

四、门票获取

（1）观众朋友在开放时间凭有效证件可免费领取参观券。

（2）团体观众或特殊服务人群请提前 1～2 天预约，每天预约人数不超过 150 人。

（3）预约方式为电话预约和网上预约。

电话：0915-3287945

网址：http://www.akbwg.cn/

◎ 安康博物馆

五、特色活动

1. 社教活动

安康博物馆本着服务社会、服务群众、服务青少年的宗旨，坚持做好公共文化服务。通过不断创新教育服务形式和内容，打造服务品牌，拓宽服务面，社会影响力日益扩大，取得了良好的社会效果。近几年，相继打造了"博物馆里过大年""游秦巴明珠　享欢乐暑假"暑期夏令营、"开笔启智"开笔礼、"优秀历史文化进校园"等品牌活动，充分发挥阵地服务作用。同时，

附录

不断"走出去"扩大服务范围,紧密结合脱贫攻坚,不断下乡进校园,使文化服务惠及更多的群体。

◎ "博物馆里过大年"系列活动·年画拓印

◎ "开笔启智"开笔礼

◎ 流动博物馆

◎ 暑期夏令营·"泥乐乐"陶艺体验

◎ 我和博物馆有个约定"系列活动

◎ "欢度国庆 安博带你嗨翻天"系列活动

安康博物馆社会教育服务活动一览表（部分）

序号	活动名称	活动内容	活动地点	活动时间
1	"博物馆里过大年"系列活动	活动围绕春节和元宵节开展年画制作、"扎花灯、滚汤圆"、元宵灯谜等活动，每年略有不同，每年参加活动体验近万人次	安康博物馆	每年春节至元宵节期间
2	"开蒙启智"开笔礼系列活动	安康博物馆社会教育活动品牌项目之一。2015年开始策划实施，活动覆盖城区小学并逐步走向偏远地区，2018年荣获陕西省首届"博物馆教育项目优秀案例"二等奖	安康文庙管理所、各中小学校	每年9月开学季
3	"流动博物馆"系列活动	安康博物馆社会教育活动品牌项目之一。2012年开始策划实施，活动内容丰富、简便易行，已走遍安康各个县区，2018年荣获陕西省首届"博物馆教育项目优秀案例"三等奖	各大专院校、中小学校	每年3—6月，9—12月
4	"游秦巴明珠 享欢乐暑假"暑期夏令营系列活动	安康博物馆社会教育活动品牌项目之一。主要面向青少年，内容包括"活字印刷与造纸术"、"小小讲解员"培训、"茶艺小课堂"和"泥乐乐"陶艺体验等，深受欢迎	安康博物馆	每年暑假
5	节庆系列活动	安康博物馆常态化社教服务项目。每逢重要节日，如清明、端午、六一、七夕、中秋、重阳等，根据节日主题，策划开展相关活动，活动内容和形式丰富多样，面向群体广泛	安康博物馆	节日期间
6	"我和博物馆有个约定"系列活动	活动自2016年起策划实施，活动内容丰富，包括户外拓展训练、军事训练、篝火晚会、博物馆研学体验、文物讲解、移动课堂等，每年活动内容略有不同，以体验互动为主，活动参与对象范围广泛	安康博物馆	每年不定期不行

续表

序号	活动名称	活动内容	活动地点	活动时间
7	"欢度国庆 安博带你嗨翻天"系列活动	活动以国庆知识小课堂、"泥乐乐"陶艺体验、"爱拼才会赢"亲子文物拼图大赛等体验活动为主，每年略有不同，吸引观众现场参与，效果良好	安康博物馆	每年国庆节
8	文庙汉服体验活动	2019年起，安康博物馆文庙管理所策划汉服体验系列活动，包括"春风汉韵游文庙，美美与共赏花朝"花朝节汉服插花游园活动，"暮春雅集、香溢文庙"百人汉服插花游园活动，"浓浓端午情、淡淡荷包香"传统节日汉服体验活动，受到了追捧	文庙管理所	每季举行

2.展览活动

自2015年11月正式开放以来，安康博物馆不断加强"引进来，走出去"办展力度，积极与省内外博物馆密切合作，推动展览交流，引进临时展览，策划原创展览，至今已累计举办临时展览30余次，使展览常展常新，满足群众多元文化需求。同时，策划第一个对外巡展——《延寿长相思——安康博物馆馆藏秦汉瓦当展》在五省十市展出，加强馆际交流与合作，促进地域文化的传播。

安康博物馆2015年临时展览一览表

序号	展览名称	展览内容	举办单位	展览时间
1	契丹文明——辽代绘画精品展	展出甄选的辽代纺织品绘画作品、金银器、玉器、水晶等器物，多方面展现契丹民族发达的文明、奢华的生活、兼容并蓄的宗教文化等历史文化概貌	安康博物馆 西安源浩华藏博物馆	2015.08—2015.12
2	烈火记忆——安康抗战专题展	展出挪威尤约翰先生捐赠的五里机场抗战实物、图片，以及韩天善先生和杨建安先生收藏的抗日战争相关资料，以揭露日军罪行，缅怀为抗日战争胜利做出牺牲的先辈们，教育后人"牢记历史，珍惜和平"	安康博物馆	2015.09—2016.02
3	荟美安康——陕西书画名家作品邀请展	展出陕西省多位知名书画艺术家精心创作的作品50幅，推动省市文化交流与合作，提升安康书画创作水平，助推安康文化的发展与繁荣	主办：陕西国画院、陕西书学院、陕西省艺术馆、安康市文化文物广电局 承办：安康市群众艺术馆、安康博物馆、安康市书画院	2015.12—2016.02
4	汉江文字石展	展出安康市旬阳县陈楚明先生藏石的一部分天然文字石，这些文字石特点鲜明，纯天然、无雕琢、字迹清晰，展品中有许多讴歌党、讴歌劳动、讴歌人民，彰显正能量的文字石，堪称一绝		2015.12至今

附录

安康博物馆2016年临时展览一览表

序号	展览名称	展览内容	举办单位	展览时间
1	百佛赐福——安康民间收藏佛像展	本次展览共展出观音、弥勒等佛教造像50件，时代明至民国，以木、瓷、铜质为主，造型精美，造像庄严，展示了安康佛教造像的艺术魅力和文化内涵	主办：安康博物馆 协办：金州收藏家协会	2016.02—2016.04
2	丹心筑梦——安康博物馆发展成就图片展	在安康博物馆新馆建成开放一周年之际展出，展览通过168张珍贵图片，集中展示了安康博物馆成立30年来，在建设发展、陈列展览、公共服务、队伍建设等方面所取得的辉煌成就，以及安康文博人开拓进取、创新发展的精神风貌	安康博物馆	2016.11—2017.02
3	"好家风"书法展	围绕"好家风"书法展，展出的91幅书法作品，将最美家庭、良好家风与传统书法艺术完美结合	主办：安康市双创办、安康市文明办、安康市妇联 协办：安康学院、安康市书法家协会 承办：安康市博物馆	
4	纪念红军长征胜利80周年书法·美术作品展览	本次共展出书画作品99幅，其中书法作品60幅，美术作品39幅。这些作品使历史和现实交融、信仰与精神辉映，是对历史的深情回眸，对时代的热情讴歌，饱含着对长征精神的弘扬和对美好生活的憧憬	主办：中共安康市委宣传部、安康军分区政治部、安康市文联 承办：安康博物馆、安康市书法家协会、安康市美术家协会	2016.11—2016.12

续表

序号	展览名称	展览内容	举办单位	展览时间
5	火针刺绣——李红霞烙画艺术展	展出安康市平利县烙画艺术家李红霞的作品70余幅	安康博物馆	2016.09—2016.12
6	安康市"清风杯"廉政书画展	展出廉政书画作品208件，旨在进一步推进廉政文化建设，传承中华优秀传统文化和崇德尚廉的清风正气，引导安康全市党员干部和人民群众积极健康、向善向美的文化风尚	主办：安康学院纪委、安康市文联 承办：安康学院艺术学院、安康博物馆、陕南画院	2016.06—2016.07
7	纵横万里 跨越千年——丝绸之路的璀璨文明	展出汉、唐、辽等时期的丝绸织品、佛教造像、金质经书、玉器、琉璃等各类文物共120余件（组），展览汇集了众多丝路文化精品，亮点突出	安康博物馆 西安源浩华藏博物馆	2018.12—2019.02
8	永恒的记忆——红色政权货币文献展	展览通过58张展板和68张珍贵的红色货币及20本革命历史史籍，展现了党领导的红色政权，从初创到发展壮大的金融与货币演变，金融事业发展壮大的足迹和光辉历程	西安钱币博物馆、中国人民银行安康市中心支行、安康博物馆	2016.08—2016.11
9	中国货币反假史展	展览主要通过图版和实物展出相结合的形式，全面呈现中国自战国秦汉以来的假币现象及其反假历程，旨在让公众增强安全防范意识，提高识假、辨假能力，维护好群众利益	安康博物馆、西安钱币博物馆、人民银行安康中心支行	2016.03—2016.05

安康博物馆2017年临时展览一览表

序号	展览名称	展览内容	举办单位	展览时间
1	瓶艺飘香——酒瓶艺术精品展	展出了116件（套）各具特色的酒瓶，均为十堰市民间收藏爱好者黄绿林先生的个人收藏，展品包括永恒记忆、动物世界、人物风采等十余类，都反映了一个时代的酒文化、工艺水平和审美情趣	主办：安康市文化文物广电局 十堰市文化体育新闻出版广电局 承办：安康博物馆、十堰市博物馆	2017.01—2017.03
2	"南水北调"中线城市大型美术书法展览	展出各地书画名家作品100幅。作品题材源自"南水北调"中线区域风物人情、时代变革、百姓生活，包含了书画家们对生活的热爱和对时代的讴歌，是"南水北调"中线城市近年来书画艺术创作最强实力的一次集中展示	由陕西省文化厅、陕西省南水北调办指导协调，安康市人民政府牵头，南水北调中线区域北京、天津、河北、河南、湖北、陕西六省15个市区	2017.05—2018.06
3	憨陋简率——刘孟洲藏猪工艺品展	展出甘肃农业大学教授、博士生导师刘孟洲教授收藏的100件以猪为造型的现代工艺品，展品造型生动，材质各异。展览集艺术性、观赏性、趣味性、科普性于一体，综合展示猪的生物起源、养殖历史，以及在传统畜牧业和民俗文化中的地位	安康博物馆 安康阳晨现代农业集团有限公司	2017.08—2017.11
4	铁血忠魂——抗战时期的安康机场	展出的实物和图片有30多件。回顾了安康机场的抗战历程，缅怀先辈浴血奋战和英勇献身的革命精神，向党的十九大献礼	安康博物馆 安康老城博物馆有限公司	2017.10—2018.01

续表

序号	展览名称	展览内容	举办单位	展览时间
5	理想之路——铭记抗战中从七贤庄走出去的热血青年	展览通过110张史料照片，19件文物展品，介绍了抗日战争时期来自全国各地的爱国青年来到西安七贤庄奔赴延安，走上前线的历史，弘扬革命传统，传播社会正能量	主办：西安市文物局、安康市文化文物广电局 承办：安康博物馆、八路军西安办事处纪念馆	2017.06—2017.07
6	风华再现——唐代壁画名作摹本特展	展览萃集了第一届、第二届"丝路画语——全国唐代壁画珍品临摹大赛"获奖作品和国内名家临摹陕西历史博物馆珍藏唐代壁画作品，包括仕女图、狩猎图、丽人行等35件珍品，再现了盛世大唐的神韵与辉煌	安康博物馆 陕西历史博物馆	2017.01—2017.04
7	乡音——李宏平当代国画展	展出作品60余幅，主要以大巴山为背景题材，通过独具一格的艺术语言表现画家对家乡的热爱与眷恋，从不同层面展示了画家的艺术之根	主办：安康市文化文物广电局、陕西省美术家协会 承办：安康博物馆	2017.04—2017.07
8	唐明东中国画作品巡展	展出汉水画派、安康本土画家唐明东最新创作的中国画43幅，主要以秦巴山水为题材，一笔一墨都镌刻着对家乡的热爱与眷恋	安康博物馆	2017.12—2019.05

安康博物馆2018年临时展览一览表

序号	展览名称	展览内容	举办单位	展览时间
1	珍馐玉馔——古代饮食文化器具展	展览展出从新石器时代以来历代炊具、茶具、酒器和食器100余件（套），其中不乏北方游牧民族的饮食器具。本次展览展示了中华民族饮食器具的发展演变过程，从中可以看到古代饮食文化的广泛性、包容性、多元性和不同的时代特征	安康博物馆 西安源浩华藏博物馆	2018.02—2018.05
2	金玉满堂——南京市江宁区博物馆馆藏古代金、银、玉器展	展出文物85件（套），以金银玉器为主，造型别致，纹饰精美，展示了江宁出土文物的魅力，为市民提供欣赏中国古代金银玉器艺术的宝贵机会	安康博物馆 南京市江宁区博物馆	2018.04—2018.06

续表

序号	展览名称	展览内容	举办单位	展览时间
3	徐山林先生书法作品展	展出徐山林先生捐赠的100多幅书法作品	主办：陕西省书法家协会、安康市文化文物广电局、安康市文联 承办：安康博物馆	2018.05—2018.06
4	丝路遗风暨宝贝回家文物精品展	展览共展出陕西历史博物馆20世纪90年代征调安康文物、馆藏丝路文物，陕西唐三彩艺术博物馆馆藏唐三彩文物60件，具有极高的文物历史价值和艺术观赏价值，有利于宣传推介安康，增强安康人民文化自信	安康博物馆 陕西历史博物馆	2018.06—2018.08
5	文房玉·闺阁金——明清江南地区时尚生活展	展览遴选武进博物馆馆藏明清金银器、常州玉润堂藏明清玉器共120余件（组），再现明清时期江南文人玉器文化消费、女性追逐衣饰风尚的潮流现象，展开一段明清城市生活的历史画卷	安康博物馆 常州市武进区博物馆	2018.09—2018.12
6	纪念陕甘边革命根据地创建85周年"照金精神"巡展	展览图文并茂地讲述了20世纪30年代，刘志丹、谢子长、习仲勋等老一辈无产阶级革命家以照金为中心，筚路蓝缕创建陕甘边革命根据地的辉煌史诗，并展示红色照金小镇及当代铜川的建设风貌	安康博物馆 陕甘边革命根据地照金纪念馆	2018.09—2018.11
7	时间都去哪儿了——改革开放四十年安康百姓生活印记暨民国以来陕西社会发展变迁物证展	展览分"改革开放40年安康百姓生活印记展"和"民国以来陕西社会发展变迁物证展"两部分，共展出反映安康改革开放40年以来陕西社会发展变迁的文物200余件，以及安康百姓生活照片100余幅	陕西历史博物馆 安康博物馆	2018.12至今
8	雨花"石"韵——仪征出土雨花石精品展	展出100余枚精品雨花石，分风景、人物、动物、花卉、奇巧五个类别，涵盖了仪征地区雨花石的风貌及艺术特征，观众可体味雨花石的神奇之美，分享大自然的恩赐	安康博物馆 仪征市博物馆	2018.12—2019.02

安康博物馆2019年临时展览一览表

序号	展览名称	展览内容	举办单位	展览时间
1	范金琢玉——耀州窑历代陶瓷精品展	本展共展出唐代至民国陶瓷珍品122件组,有色彩协调的唐三彩,宋代工艺多样的青釉瓷,清代创烧的香黄釉瓷等,造型精美,别具特色,展览以耀州窑近1400年发展史为主线、耀州窑博物馆馆藏珍品耀瓷为重点,系统展示耀州窑精湛的制瓷工艺、辉煌的艺术成就和独特的文化内涵	安康博物馆 耀州窑博物馆 铜川市考古研究所	2019.03—2019.06
2	巾帼英雄——赵一曼烈士光辉业绩展	展出赵一曼烈士生平事迹珍贵图文和相关实物,借以同全国人民一起,缅怀革命先烈的丰功伟绩,景仰英雄勋业,弘扬爱国主义精神	安康博物馆 宜宾市赵一曼纪念馆	2019.05—2019.07
3	贴得人间喜气来——晋江市博物馆典藏年画展	展出108幅年画,均为旅港乡亲许晴野先生捐赠,内容非常广泛,各类武将门神、财神、观音、八仙、寿星、戏曲人物、耕织农作、民间传说、历史故事、花卉动物、风光景色等应有尽有	安康博物馆 晋江市博物馆	2019.07—2019.08
4	第二十二届中日友好文化艺术展	展出中日民间摄影爱好者100余幅摄影、书画作品,内容包括风景、民俗、建筑、生活等,展示了中日两国别样的风土人情,展现中日文化艺术魅力,加强中日两国人民沟通	主办:陕西省人民对外友好协会、市政府、京都府日本中国友好协会 承办:安康市侨联、市外办、市友协、安康博物馆	2019.09—2019.10
5	翰墨清风——安康博物馆馆藏古书画展	为庆祝中华人民共和国成立70周年,安康博物馆甄选馆藏古书画精品28幅,多为宋元至清末民初的名家之作。这些作品旷达、雅趣、高洁,不仅暗喻了文人的风骨和气蕴,更彰显了对理想信念的追求	安康博物馆	2019.09—2019.12

续表

序号	展览名称	展览内容	举办单位	展览时间
6	民国政要海南石刻遗墨展	展出民国政要名人石刻拓片，多为当时名望崇高的革命领袖、其高级助手及追随者拜谒海南境内纪念地时留下的题词、联语。从中既可以看到革命先行者的伟烈丰功，又可以感受海南乡土之间弥漫的正气	安康博物馆 海口市博物馆	2019.12至今
7	凝固的汉风——朱然家族墓地博物馆馆藏汉画像石拓片展	展览精选朱然家族墓地博物馆馆藏60余幅画像石拓片精品，向观众展示汉文化雄强刚毅、开拓闲放的精神品质	安康博物馆 朱然家族墓地博物馆	2019.12至今
8	汉唐火洲 丝路风采——吐鲁番汉唐文物精品展	本展汇集吐鲁番博物馆馆藏54件(套)珍贵文物，每一件文物都承载着一段厚重的历史，希望带给您唯美的视觉享受，共同见证伟大的丝绸之路和历久弥新的丝路精神	安康博物馆 吐鲁番博物馆	2019.12至今

安康博物馆对外巡展一览表（2018—2019）

序号	展览名称	展览地点	展览时间
1	延寿长相思——安康博物馆馆藏秦汉瓦当展	南京市江宁区博物馆	2018.04—2018.05
2		常州市武进区博物馆	2018.05—2018.08
3		仪征市博物馆	2018.08—2018.10
4		海口市博物馆	2018.10—2018.12
5		杭州市萧山区博物馆	2018.12—2019.03
6		杭州市富阳区博物馆	2019.03—2019.05
7		晋江市博物馆	2019.05—2019.07
8		三明市博物馆	2019.07—2019.09
9		马鞍山市朱然家族墓地博物馆	2019.09—2019.11
10		铜陵市博物馆	2019.11.24至今

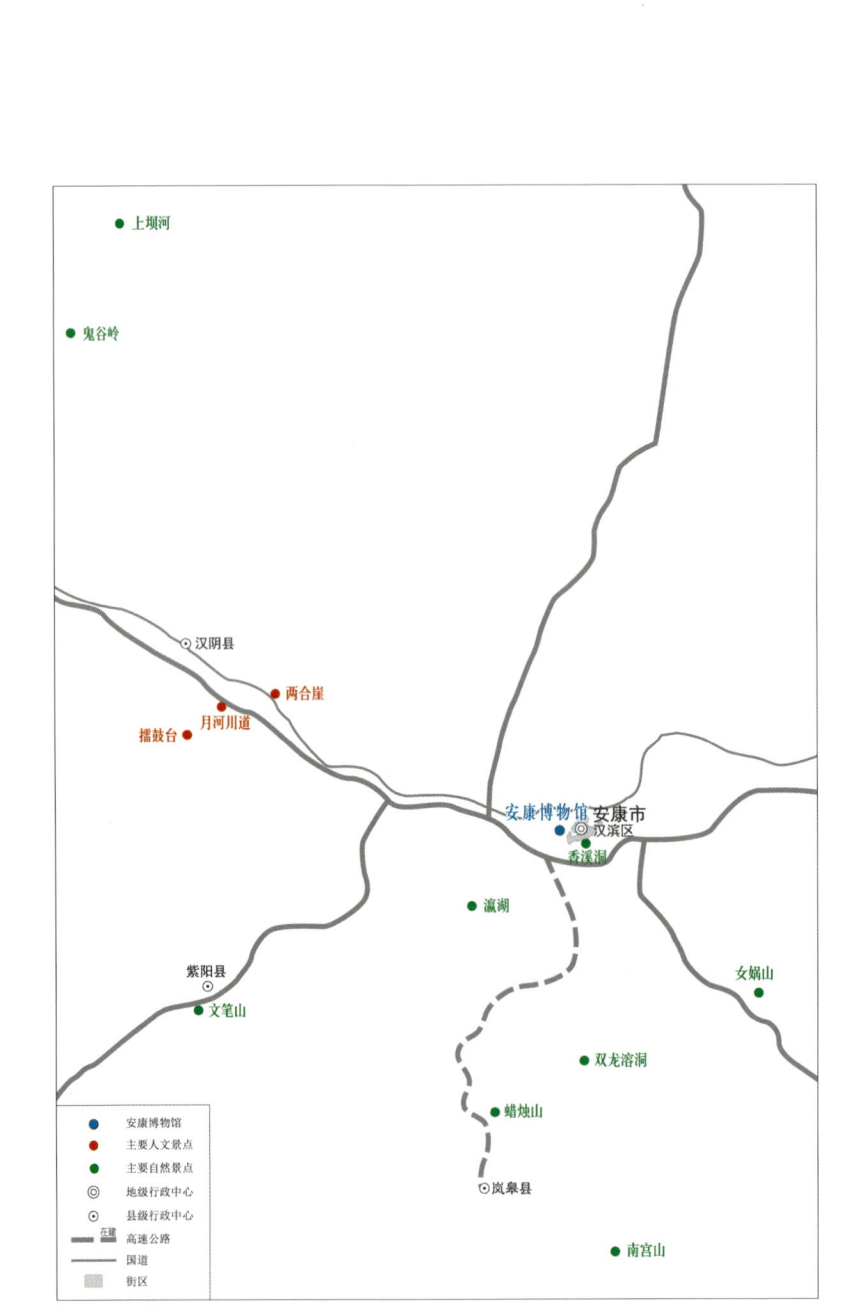

◎ 安康博物馆周边景点

附录

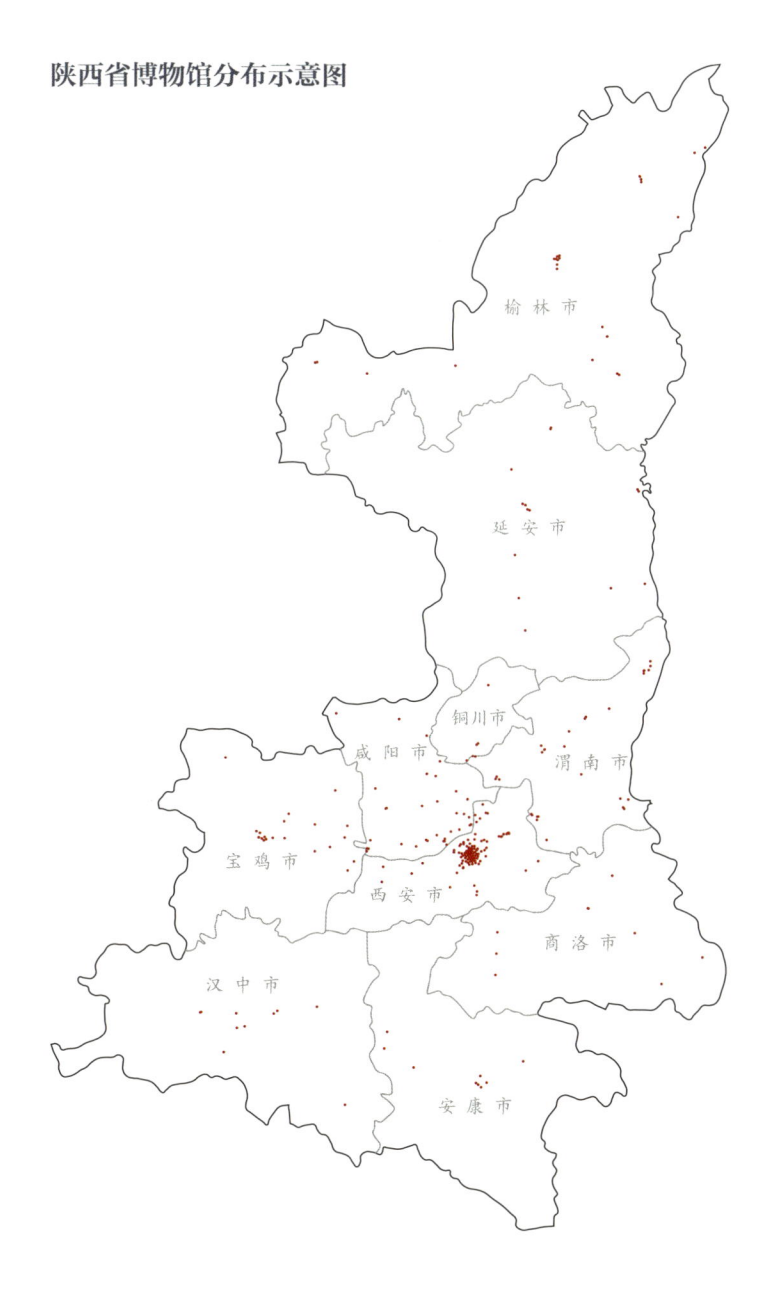

陕西省博物馆分布示意图

陕西省博物馆名录

序号	名称	地理位置	性质	等级	备注
西 安					
1	陕西历史博物馆	小寨东路91号	文物	一级	免费开放
2	秦始皇帝陵博物院	临潼区	文物	一级	
3	西安碑林博物馆	三学街15号	文物	一级	
4	汉景帝阳陵博物院	泾河工业园	文物	一级	
5	西安博物院	友谊西路72号	文物	一级	免费开放
6	西安半坡博物馆	半坡路155号	文物	一级	
7	西安事变纪念馆	建国路69号	文物	二级	免费开放
8	八路军西安办事处纪念馆	北新街七贤庄1号	文物	二级	免费开放
9	西安市钟鼓楼博物馆	西大街1号	文物		
10	西安市青龙寺遗址博物馆	铁炉庙村北1号	文物		免费开放
11	汉长安城遗址长乐宫四、五号遗址陈列馆	罗高路罗家寨村	文物		免费开放
12	丰镐遗址车马坑陈列馆	长安区马王镇沣京中路10号	文物		免费开放
13	临潼区鸿门宴博物馆	临潼区鸿门宴路2号	文物		
14	华清池唐华清宫御汤遗址博物馆	临潼区华清路38号	行业		
15	临潼博物馆	临潼区环城东路1号	文物	三级	免费开放
16	长安区杜甫纪念馆	长安区韦曲街道办双竹村	文物		免费开放
17	长安民居博物馆	长安区王曲镇马厂堡子村	文物		免费开放
18	临潼区扁鹊纪念馆	临潼区代王街道办陈东村	文物		免费开放
19	仙游寺博物馆	周至县马召镇金盆水库北梁	文物		
20	周至博物馆	周至县中心街云塔十字南	文物		
21	蓝田县蔡文姬纪念馆	蓝田县三里镇蔡王村文姬路	文物		免费开放
22	葛牌镇区苏维埃政府纪念馆	蓝田县葛牌镇葛牌街	文物		免费开放
23	蓝田水陆庵壁塑博物馆	蓝田县普化镇杨斜村	文物		免费开放
24	蓝田猿人遗址博物馆	蓝田县九间房镇公王岭	文物		免费开放
25	汪锋故居纪念馆	蓝田县九间房镇街子村	文物		免费开放
26	高陵区博物馆	高陵区昭慧路昭慧广场	文物		免费开放
27	汉长安城遗址陈列馆	邓六路中段	文物		免费开放
28	西安市长安博物馆	长安区西长安街559号	文物		免费开放
29	秦阿房宫遗址博物馆	长安区王寺东街172号	文物		免费开放
30	高陵区西北人民革命大学旧址博物馆	高陵区通远街道	文物		免费开放

续表

序号	名称	地理位置	性质	等级	备注
31	陕西自然博物馆	长安南路88号	行业	二级	
32	陕西科学技术馆	新城广场	行业		免费开放
33	西安唐皇城墙含光门遗址博物馆	含光路西安城墙内	行业	三级	
34	西安中国书法艺术博物馆	含光路西安城墙内	行业		免费开放
35	西北大学博物馆	太白北路229号西北大学内	行业		免费开放
36	陕西师范大学博物馆	长安区郭杜镇陕西师范大学长安校区内	行业		免费开放
37	西安建筑科技大学校史馆	雁塔路13号西安建筑科技大学校内	行业		免费开放
38	西安建筑科技大学贾平凹文学艺术馆	雁塔路13号西安建筑科技大学校内	行业		免费开放
39	长安大学地质博物馆	雁塔路南段126号长安大学内	行业		免费开放
40	陕西体育博物馆	丈八东路303号	行业		免费开放
41	西安工程大学纺织服装博物馆	临潼区陕鼓大道58号	行业		免费开放
42	秦二世陵遗址博物馆	曲江池南路252号	行业		
43	大明宫国家遗址公园考古探索中心	自强东路585号	行业		
44	大明宫遗址博物馆	自强东路585号	行业		
45	大明宫国家遗址公园丹凤门遗址博物馆	自强东路585号	行业		
46	西安大华博物馆	太华南路251号	行业		免费开放
47	西安钱币博物馆	西大街188号	行业		免费开放
48	陕西钱币博物馆	高新路49号	行业		免费开放
49	西安金威啤酒博物馆（雪花啤酒文化博物馆）	凤城十二路99号	行业		免费开放
50	空军军医大学口腔医学博物馆	长乐西路145号空军军医大学第三附属医院北院	行业		免费开放
51	西安交通大学博物馆	咸宁西路28号西安交通大学兴庆校区内	行业		免费开放
52	高陵区防震减灾科普馆	高陵区泾渭上城南侧	行业		免费开放
53	西安浐灞生态区城建博物馆	浐灞大道1号浐灞商务中心	行业		免费开放
54	西安市贾平凹文学艺术博物馆	临潼区芷阳三路9号	行业		免费开放
55	西安市非物质文化遗产博物馆	文艺北路197号	行业		免费开放
56	西安美术学院美术博物馆	含光路南段100号西安美术学院2号教学楼内	行业		免费开放
57	西安音乐学院艺术博物馆	长安中路108号	行业		免费开放
58	西安汉风水务博物馆	北二环西段汉城湖景区大风阁	行业		

续表

序号	名称	地理位置	性质	等级	备注
59	长安大学公路交通博物馆	长安大学渭水校区	行业		免费开放
60	唐华清宫梨园遗址博物馆	临潼区	行业		
61	军用航空科技博物馆	灞桥区霸陵路1号空军工程大学航空工程学院内	行业		免费开放
62	陕西科技大学中国轻工业博物馆	未央区大学园区陕西科技大学	行业		免费开放
63	西安交通大学附属中学博物馆	雁塔区雁翔路99号	行业		免费开放
64	西安市曲江第二小学儿童博物馆	雁翔路4050号曲江第二小学内行政楼4楼	行业		免费开放
65	西安建筑科技大学中国音乐史博物馆	高新区草寺东路西安建筑科技大学草堂校区	行业		免费开放
66	交大西迁博物馆	咸宁西路28号西安交通大学兴庆校区南门内东侧	行业		免费开放
67	西安大唐西市博物馆	劳动南路1号	非国有	一级	免费开放
68	西安关中民俗艺术博物院	长安区南五台山路1号	非国有		
69	西安市高家大院古典服饰博物馆	北院门144号高家大院	非国有		
70	西安经文牛文化陶瓷博物馆	凤城一路23号	非国有		
71	陕西元阳文化博物馆	顺城南巷中段33号	非国有		免费开放
72	大明宫陶瓷艺术博物馆	自强东路585号	非国有		免费开放
73	西安海棠职业学院中医美容博物馆	水安路30号	非国有		免费开放
74	陕西汉唐石刻博物馆	沣东新城红光路44号沣东自贸新天地西里W-Z002	非国有		免费开放
75	西安皇家艺术博物馆	未央区汉城街道办西查村北（石化大道）	非国有		免费开放
76	陕西亮宝楼艺术博物馆	雁引路35号	非国有		免费开放
77	西安美都博物馆	丰景路中段	非国有		免费开放
78	西安秦砖汉瓦博物馆	曲江雁翔路1号大汉上林苑杜陵景区	非国有		
79	西安于右任书法艺术博物馆	玄武路69号（锦园新世纪社区中心广场旁）	非国有		免费开放
80	陕西万达博物院	林带路中段中国唐苑内	非国有		
81	陕西唐三彩艺术博物馆	南二环东段559号	非国有		免费开放
82	西安户邑民间艺术博物馆	大唐芙蓉园唐市内	非国有		免费开放
83	西安曲江艺术博物馆	大雁塔南广场西侧威斯汀酒店内	非国有		
84	西安曲江富陶国际陶艺博物馆	大唐芙蓉园南门唐市	非国有		免费开放
85	陕西毛泽东敬览馆	雁塔区长鸣路68号	非国有		免费开放
86	西安于右任故居纪念馆	碑林区书院门52号	非国有		

续表

序号	名称	地理位置	性质	等级	备注
87	西安源浩华藏博物馆	雁南三路大唐不夜城开元广场东侧华藏阁	非国有		免费开放
88	西安健康博物馆	西影路178号	非国有		免费开放
89	长安古钱币博物馆	长安南路300号	非国有		免费开放
90	西安唐都新碑林艺术博物馆	大明宫国家遗址公园内考古探索中心东侧	非国有		免费开放
91	西安锦业美术博物馆	高新区锦业路76号	非国有		免费开放
92	西安曲江大玉坊博物馆	临潼区会昌路和东关正街十字	非国有		免费开放
93	西安柴窑文化博物馆	雁南三路开元广场西侧	非国有		免费开放
94	西安高陵钱币博物馆	高陵区榆楚仁马路陕汽重卡发运中心五楼	非国有		免费开放
95	西安高陵奇石博物馆	高陵区桑军大道与310国道交会处	非国有		
96	高陵祥顺博物馆	高陵区南新街226号	非国有		免费开放
97	西安市新美域和镜博物馆	高新一路12号天公装饰大厦一层	非国有		免费开放
98	西安市曲江红色记忆博物馆	翠华南路808号科泰大厦9层	非国有		免费开放
99	西安市大唐青铜镜博物馆	高新区锦业二路逸翠尚府北区二栋	非国有		免费开放
100	西安市雅观陶瓷艺术博物馆	北二环中段669号	非国有		免费开放
101	西安市起良蔡侯纸博物馆	西高新九峰镇起良村	非国有		免费开放
102	西安市蓝田玉文化博物馆	蓝田县焦岱镇	非国有		免费开放
103	西安市水墨长安艺术博物馆	灞桥区柳雪路996号	非国有		免费开放
104	西安市荞麦园美术博物馆	含光路100号	非国有		免费开放
105	西安市曲江丝路遗珍博物馆	大唐芙蓉园紫云楼四楼	非国有		免费开放
106	西安市明清皮影艺术博物馆	雁南一路南侧100米	非国有		免费开放
107	西安市城市记忆博物馆	新城区幸福南路109号老钢厂设计创意产业园1号楼	非国有		免费开放
108	西安市圣普美术博物馆	新城区自强东路585号丹凤门西	非国有		免费开放
109	楼增良红木雕刻艺术博物馆	西咸新区空港新城规划园区十路西	非国有		免费开放
110	西安红色体育博物馆	凤城八路鼎正大都城	非国有		免费开放
111	西安市民间金融博物馆	新城区民乐园万达一号楼	非国有		免费开放
112	西安市吉兆春皮肤医药博物馆	高陵区中小企业聚集园C-4五楼	非国有		免费开放
113	西安市太乙面食文化博物馆	长安区太乙街办新一社区	非国有		免费开放
114	西安市城市影像博物馆	雁塔区科技路305号西安大都荟Localand D11（F3）	非国有		免费开放

续表

序号	名称	地理位置	性质	等级	备注
115	西安市石仟佛造像艺术博物馆	曲江慈恩西路69号	非国有		免费开放
116	西安市古陶瓷博物馆	灞桥区电厂南路8号	非国有		免费开放
117	西安市羊文化博物馆	雁塔区雁翔路93号	非国有		免费开放
118	西安市中国古琴博物馆	沣东新城沣河东路818号	非国有		免费开放
119	西安市新梦想影业博物馆	雁塔区朱雀大街南段12号城市立方5层	非国有		免费开放
120	西安市新源民俗艺术博物馆	高陵区通远镇史喻村六组	非国有		免费开放
121	西安市德江陶瓷模范标本博物馆	灞桥区白鹿仓灞柳东路2、3、5号白家大院	非国有		免费开放
122	西安市团结民俗博物馆	未央区团结村三组甲字一号	非国有		免费开放
123	西安市惟德玉文化博物馆	沣东新城三桥街办西安车辆厂生活区二期东2号	非国有		免费开放
咸 阳					
124	乾陵博物馆	乾县永泰公主墓院内	文物	二级	
125	咸阳博物院	中山街中段53号	文物	二级	免费开放
126	秦咸阳宫遗址博物馆	西安市秦汉新城窑店街道办	文物		免费开放
127	秦都区沙河古桥遗址博物馆	西安市西咸新区渭阳路	文物		免费开放
128	兴平市博物馆	兴平市县门东街29号	文物		
129	茂陵博物馆	兴平市南位镇茂陵村南	文物	二级	
130	兴平市杨贵妃墓博物馆	兴平市马嵬街道办西	文物		
131	昭陵博物馆	礼泉县烟霞街道	文物	二级	
132	三原县博物馆	三原县城关镇东大街33号	文物	三级	
133	周家大院民俗博物馆	三原县鲁桥镇孟店村	文物		
134	泾阳县博物馆	泾阳县北极宫大街南端	文物		免费开放
135	长武县博物馆	长武县昭仁镇东街昭仁寺内	文物		免费开放
136	"二八"革命暴动纪念馆	旬邑县迎宾大道旁	行业		免费开放
137	彬县大佛寺石窟博物馆	彬州市城关镇312国道旁	文物		
138	武功苏武纪念馆	武功县武功镇龙门村	文物		免费开放
139	陕西三原于右任纪念馆	三原县宴友思大街东段	文物		免费开放
140	淳化县文博馆	淳化县南新街	文物		免费开放
141	旬邑县博物馆	旬邑县东大街	文物		免费开放
142	旬邑县唐家民俗博物馆	旬邑县太村镇唐家村	文物		
143	安吴青年训练班纪念馆	泾阳县安吴镇安吴村	文物		免费开放
144	淳化县爷台山战役纪念馆	淳化县方里镇北峰村爷台山战地主题公园	文物		免费开放

续表

序号	名称	地理位置	性质	等级	备注
145	马栏革命纪念馆	旬邑县马栏镇马栏村	文物		免费开放
146	永寿县博物馆	永寿县解放街10号	文物		免费开放
147	陕西水利博物馆	泾阳县王桥镇	行业		免费开放
148	咸阳墙体材料博物馆	中华西路4号	行业		免费开放
149	陕西医史博物馆	世纪大道中段陕西中医学院校园内	行业		免费开放
150	毛泽东像章珍藏馆	秦都区渭滨街道步长路16号	非国有		免费开放
151	秦都古陶博物馆	玉泉东路泉南一巷内	非国有		免费开放
152	秦汉新城红色记忆博物馆	西安市秦汉新城双照街道肖何庙村	非国有		免费开放
153	陕西明善博物馆	西安市西咸新区沣东街道水井路沣禾苑内	非国有		免费开放
154	咸阳清渭楼美术博物馆	渭阳东路清渭楼	非国有		免费开放
155	秦汉新城秦渭博物馆	西安市西咸新区西兰路北上召十字西北角	非国有		免费开放
	宝 鸡				
156	宝鸡青铜器博物院	滨河大道中华石鼓园	文物	一级	免费开放
157	宝鸡民俗博物馆	西宝路12号	文物		免费开放
158	宝鸡周原博物馆	扶风县法门镇召陈村	文物	二级	
159	宝鸡北首岭博物馆	金台区建群巷17号	文物		
160	法门寺博物馆	扶风县法门寺文化园区	文物	二级	
161	宝鸡先秦陵园博物馆	凤翔县南指挥镇	文物		
162	宝鸡市渭滨区博物馆	渭滨区公园路210号	文物		
163	宝鸡大唐秦王陵博物馆	金台区金河镇陵塬村	文物		
164	凤县革命纪念馆	凤州镇凤州村	文物		免费开放
165	凤翔县博物馆	凤翔县文化路西段	文物	三级	免费开放
166	扶风县博物馆	扶风县城老区东大街5号	文物	三级	免费开放
167	麟游县博物馆	麟游县东大街8号	文物		
168	岐山县博物馆	岐山县城北大街	文物		
169	岐山县周原博物馆	岐山县京当镇贺家村	文物		
170	岐山县五丈原诸葛亮庙博物馆	岐山县蔡家坡镇五丈原村	文物		
171	张载纪念馆	眉县横渠镇西街45号	文物		免费开放
172	陇县博物馆	陇县东大街9号	文物		免费开放
173	眉县博物馆	眉县滨河文化产业新区平阳阁内	文物		免费开放
174	宝天铁路英烈纪念馆	渭滨区南关路98号	行业		免费开放

续表

序号	名称	地理位置	性质	等级	备注
175	扶眉战役纪念馆	眉县常兴镇	行业		免费开放
176	陕西华夏古代艺术博物馆	高新大道59号	非国有		免费开放
177	宝鸡太白山佛教艺术博物馆	眉县汤峪镇中心大道1号太白印象度假酒店2楼	非国有		免费开放
178	宝鸡天喜自然博物馆	金台区中山东路223号藏宝楼	非国有		免费开放
179	宝鸡乾坤古珍博物馆	渭滨区石鼓太阳市古玩城3楼	非国有		免费开放
180	宝鸡方圆青铜陶艺博物馆	渭滨区滨河大道88号太阳市艺术中心1号楼	非国有		免费开放
181	宝鸡聚旺博物馆	滨河大道88号石鼓太阳市个人艺术中心7号楼	非国有		免费开放
铜　川					
182	耀州窑博物馆	王益区黄堡镇新宜南路25号	文物	二级	免费开放
183	药王山博物馆	耀州区药王山景区	文物		
184	铜川市玉华博物馆	印台区玉华镇玉华宫森林公园内	文物	三级	
185	陕甘边革命根据地照金纪念馆	耀州区照金镇	行业		免费开放
186	铜川市耀州区博物馆	耀州区学古路34号	文物		免费开放
187	宜君县博物馆	宜君县万寿路27号	文物		免费开放
188	郭秀明纪念馆	印台区红土镇惠家沟村	文物		免费开放
189	陈炉古镇生态博物馆	印台区陈炉镇街道	文物		免费开放
190	宜君旱作梯田农业生态博物馆	宜君县哭泉镇旱作梯田内	文物		免费开放
191	孙思邈纪念馆	耀州区药王山景区	文物		免费开放
渭　南					
192	渭南市博物馆	临渭区乐天大街中段	文物		免费开放
193	渭南市临渭区博物馆	临渭区老城街115号	文物		免费开放
194	西岳庙博物馆	华阴市岳庙仿古步行街东段	文物		
195	渭华起义纪念馆	华州区高塘镇南堡村	文物		免费开放
196	潼关杨震廉政博物馆	潼关县秦东镇四知村	文物		免费开放
197	合阳县博物馆	合阳县东大街02号	文物		免费开放
198	蒲城县博物馆	蒲城县红旗路中段正街14号	文物	三级	
199	蒲城县清代考院博物馆	蒲城县东槐院巷17号	文物		
200	蒲城县王鼎纪念馆	蒲城县城关镇达仁巷54号	文物		免费开放
201	蒲城县杨虎城将军纪念馆	蒲城县东槐院巷29号	文物		免费开放
202	澄城县博物馆	澄城县城区东九路古徵公园东侧	文物		免费开放
203	白水仓颉庙博物馆	白水县史官镇	文物		
204	潼关博物馆	潼关县秦东镇东山景区	文物		免费开放

续表

序号	名称	地理位置	性质	等级	备注
205	蒲城县惠陵博物馆	蒲城县桥陵镇三合村	文物		
206	富平县文庙博物馆	富平县城关街道办莲湖村正街41号	文物		免费开放
207	富平习仲勋纪念馆	富平县怀德大街中段	行业		免费开放
208	临渭区蒲阳古城文化民俗博物馆	临渭区蔺店镇蒲阳村	非国有		免费开放
209	潼关酱菜博物馆	潼关县城东环路	非国有		免费开放
210	潼关县秦王寨历史博物馆	潼关县太要镇马趵泉景区内	非国有		免费开放
211	蒲城县林则徐纪念馆	蒲城县城内权把巷六号	非国有		
212	蒲城李仪祉纪念馆	蒲城县洛滨镇富塬村	非国有		免费开放
213	大荔县民俗博物馆	渭南市大荔县南七村	非国有		
214	富乐国际陶艺博物馆群	富平县乔山路1号	非国有		
215	富平频阳博物馆	富平县莲湖大街东段（实验中学西邻）	非国有		免费开放
	延　安				
216	延安革命纪念馆	圣地路9号	文物	一级	免费开放
217	洛川县博物馆	洛川县解放路北段	文物	三级	免费开放
218	洛川会议纪念馆	洛川县永乡镇冯家村	文物	三级	免费开放
219	吴起革命纪念馆	吴起县县城中街燕窝山脚	文物		免费开放
220	黄龙县博物馆	黄龙县南环路134号	文物		免费开放
221	瓦窑堡革命旧址纪念馆	子长县城瓦窑堡中心街151号	文物		免费开放
222	志丹县保安革命旧址纪念馆	志丹县双拥街268号	文物		免费开放
223	延安市安塞区文化文物馆	安塞区文化艺术中心大楼0819室	文物		免费开放
224	甘泉县博物馆	甘泉县中心街052号	文物		
225	富县鄜州博物馆	富县正街县政府广场北侧	文物		免费开放
226	吴起中央红军长征胜利纪念馆	吴起县县城中街和平路2号	文物		免费开放
227	延长县红军东征纪念馆	延长县旧居巷北段	文物		免费开放
228	军委二局安塞县纪念馆	安塞区沿河湾镇碟子沟村	文物		
229	西北局纪念馆	宝塔区南桥	文物		免费开放
230	宜川县博物馆	宜川县文体活动中心一楼	文物		免费开放
231	延安枣园革命旧址管理处	宝塔区枣园街道办事处枣园旧址	文物		免费开放
232	延安杨家岭革命旧址管理处	宝塔区杨家岭村	文物		免费开放
233	延安凤凰山革命旧址管理处	宝塔区北大街凤凰山旧址广场	文物		免费开放
234	抗大纪念馆	宝塔区北大街凤凰山旧址广场	文物		免费开放
235	延安新闻纪念馆	宝塔区清凉山南麓	文物	三级	

续表

序号	名称	地理位置	性质	等级	备注
236	钟山石窟博物馆	子长县安定镇安定村钟山南麓	文物		
237	子长革命烈士纪念馆	子长县安定西路1号	行业		免费开放
238	延安杜公祠博物馆	宝塔区七里铺大街	文物		
239	延安知青博物馆	宝塔区枣园中段	文物		免费开放
240	延安南泥湾革命旧址纪念馆	南泥湾开发区南泥湾镇桃宝峪村	文物		免费开放
241	王家坪革命旧址纪念馆	宝塔区圣地路王家坪旧址	文物		免费开放
242	陕甘宁边区银行纪念馆	宝塔区南关市场沟	行业		免费开放
243	延安南区合作社纪念馆	宝塔区柳林镇中心地段	行业		免费开放
244	洛川黄土地质博物馆	洛川县凤栖镇谷咀村	行业		
245	陕甘宁边区革命英烈纪念馆	宝塔区河庄坪镇李家洼村	行业		免费开放
246	碾（niǎn）畔（pàn）黄河原生态民俗博物馆	延川县乾坤湾镇碾畔村	非国有		免费开放
榆 林					
247	榆林市汉画像石博物馆	世纪广场北一号楼一层	文物		免费开放
248	榆林市镇北台长城博物馆	城北吴家梁村	文物		免费开放
249	榆林民俗博物馆	古城北大街田丰年巷3号院	文物		免费开放
250	神木市博物馆	神木县麟州街北段	文物		
251	佳县神泉堡革命纪念馆	佳县佳芦镇神泉村	文物		免费开放
252	定边县文博馆	定边县鼓楼南街文化广场	文物		
253	绥德县博物馆	绥德县名州镇进士巷13号	文物	三级	
254	米脂县博物馆	米脂县行宫路171号	文物	三级	
255	米脂县杨家沟革命纪念馆	米脂县杨家沟镇杨沟村	文物		免费开放
256	绥德县革命历史纪念馆	榆林市绥德县疏属山	文物		免费开放
257	府谷县古生物化石博物馆	府谷县府谷镇南门路60号	文物		免费开放
258	子洲县博物馆	子洲县城东文化大楼	文物		
259	黄河流域民俗艺术博物馆	府谷县田家寨镇高寒岭景区	文物		免费开放
260	余子俊纪念馆	沙河路沙河公园	文物		免费开放
261	榆林学院陕北历史文化博物馆	崇文路4号榆林学院校内逸夫科技楼一楼	行业		免费开放
262	神府革命纪念馆	神木陵园路2号	行业		免费开放
263	陕西榆林尚古博物馆	高新产业园区中兴路1号	非国有		免费开放
264	神木古麟州博物馆	神木体育中心南一楼	非国有		免费开放
265	陕西观止文化艺术博物馆	榆阳区上郡南路与朝阳桥交会处银通嘉园B座2楼	非国有		免费开放

续表

序号	名称	地理位置	性质	等级	备注
266	榆林上郡博物馆	人民中路45号	非国有		免费开放
267	佳县赤牛坬民俗博物馆	佳县坑镇赤牛坬村	非国有		
268	榆阳区龙文化博物馆	榆阳区黑龙潭景区	非国有		免费开放
269	府谷县荣河博物馆	府谷县新区崇塔村	非国有		免费开放
270	榆林朔方博物馆	高新产业园区中兴路1号	非国有		免费开放
271	府谷县红色文化博物馆	府谷县碛塄农业园区郝家寨村	非国有		免费开放
272	府谷县富昌博物馆	府谷县河滨路	非国有		免费开放
273	横山区古银州博物馆	横山区党岔镇	非国有		免费开放
汉 中					
274	汉中市博物馆	汉台区东大街26号	文物	二级	免费开放
275	留坝县张良庙博物馆	留坝县留侯镇庙台子村	文物		
276	汉中川陕革命根据地纪念馆	南郑区城关镇红寺湖风景区	文物		免费开放
277	城固县张骞纪念馆	城固县博望镇饶家营村	文物		
278	洋县文物博物馆	洋县洋州镇唐塔北路2号	文物		免费开放
279	略阳县江神庙民俗博物馆	略阳县南环路中段江神庙内	文物		免费开放
280	略阳灵岩寺博物馆	略阳县城南灵岩路	文物		
281	勉县武侯墓博物馆	勉县定军山镇诸葛村八组	文物		
282	勉县武侯祠博物馆	勉县武侯墓武侯村	文物	三级	
283	镇巴县博物馆	镇巴县县城新街东侧中段	文物		免费开放
284	城固县博物馆	城固县博望镇饶家营村	文物		
285	勉县博物馆	勉县三国文化广场三国尊城B座三楼	文物		免费开放
286	宁强县博物馆	宁强县县城羌州路中段	行业		免费开放
287	佛坪县秦岭人与自然博物馆	佛坪县黄家湾路佛坪国家级自然保护区管理局院内	行业		
288	汉中民俗博物馆	汉台区宗营镇宗柏路	非国有	三级	免费开放
289	洋县蔡伦纸文化博物馆	洋县龙亭镇蔡伦墓祠区	非国有		
290	南郑谷林博物馆	南郑区汉山镇团山村（汉山景区内）	非国有		
安 康					
291	安康博物馆	江北黄沟鲁家梁梁头	文物	二级	免费开放
292	陕西汉阴凤堰古梯田移民生态博物馆	汉阴县漩涡镇黄龙村、堰坪村、茨沟村	文物		
293	旬阳县博物馆	旬阳县人民北路6号	文物	三级	免费开放
294	旬阳县红军纪念馆	旬阳县红军乡人民政府驻地	文物		免费开放

续表

序号	名称	地理位置	性质	等级	备注
295	安康市藏一角博物馆	汉滨区香溪路28号	文物		免费开放
296	白河县民俗博物馆	白河县卡子镇友爱村张氏民宅	文物		免费开放
297	汉阴县三沈纪念馆	汉阴县新街40号	文物		免费开放
298	石泉县博物馆	石泉县老街中段	文物		免费开放
299	平利县秦楚农耕博物馆	平利县城关镇龙头村	非国有		免费开放
300	金洲美食博物馆	汉滨区建民办事处黄沟路1号	非国有		免费开放
商 洛					
301	商洛市博物馆	工农路中段大云寺内	文物	三级	免费开放
302	商州区博物馆	商州区东背街西段89号	文物		
303	洛南县博物馆	洛南县中甫街37号	文物		免费开放
304	丹凤县博物馆	丹凤县老街一号	文物		免费开放
305	商南县博物馆	商南县塔坡公园	文物		免费开放
306	山阳县博物馆	山阳县人民广场南文化艺术中心B座6、7楼	文物		免费开放
307	镇安县博物馆	镇安县城秀屏公园内	文物		免费开放
韩 城					
308	韩城市博物馆	古城东区学巷45号	文物	三级	免费开放
309	韩城市普照寺博物馆	西庄镇笤村街道	文物		免费开放
310	韩城市司马迁墓祠博物馆	芝川镇东南	文物		
311	梁带村遗址博物馆	西庄镇梁带村	文物		
312	韩城市大禹庙博物馆	新城区周原村大禹庙	文物		免费开放
313	陕西司马迁史记博物馆	新城区状元街北小巷29号	非国有		免费开放
杨 凌					
314	西北农林科技大学博览园植物博物馆	杨凌示范区邰城路3号	行业	二级	
315	西北农林科技大学博览园动物博物馆	杨凌示范区邰城路3号	行业	二级	
316	西北农林科技大学博览园中国农业历史博物馆	杨凌示范区邰城路3号	行业	二级	
317	西北农林科技大学博览园昆虫博物馆	杨凌示范区邰城路3号	行业	二级	
318	西北农林科技大学博览园土壤博物馆	杨凌示范区邰城路3号	行业	二级	
319	于右任思想教育博物馆	杨凌示范区邰城路3号	行业	二级	

备注：2017年，西咸新区划归西安代管

主要参考文献

1. 谭其骧. 中国历史地图集 [M]. 北京：中国地图出版社，1996.
2. 国家文物局. 中国文物地图集（陕西分册）[M]. 西安：西安地图出版社，1998.
3. 陕西省文物志编纂委员会. 陕西省志·文物志 [M]. 西安：陕西人民出版社，2016.
4. 陕西省航运志编纂委员会. 陕西省志·航运志 [M]. 西安：陕西人民出版社，1996.
5. 陕西省考古研究所，陕西省安康水电站库区考古队. 陕南考古报告集 [R]. 西安：三秦出版社，1994.
6. 严如熤. 三省边防备览 [M]. 道光二年（1822）.
7. 李国麒. 兴安府志 [M]. 清道光二十八年（1848）.
8. 叶世倬. 续兴安府志 [M]. 清咸丰三年（1853）.
9. 顾祖禹. 读史方舆纪要 [M]. 北京：中华书局，2005.
10. 谈俊琪. 安康文化概览 [M]. 西安：陕西人民出版社，1997.
11. 张沛. 旬阳县志·文物志 [M]. 西安：三秦出版社，1990.
12. 李启良. 石螺斋谈丛 [C]. 西安：陕西人民出版社，2004.
13. 陈良学. 明清川陕大移民 [M]. 北京：中国文联出版社，2009.
14. 徐信印. 安康文史名胜集 [M]. 西安：陕西旅游出版社，2002.